궁금해요!
디자이너가
사는 세상

궁금해요!
디자이너가
사는 세상

직업 탐색 보고서 · 디자이너

디자이너 이나미 지음
학생 김수현 · 한솔이

창비

꿈을 향한 십대들의 인터뷰

중학생 시절은 인생의 어떤 과정을 지나는 시기일까? 동화적인 세계에서 막 벗어난 이 시기는 세상에 점차 눈떠 가며 자신의 미래에 대한 생각도 부쩍 많아지는 때이다. "OO이 되고 싶어." 혹은 아직 그런 결심은 없지만 조금씩 자아에 눈을 뜨며 "나중에 커서 무엇을 할까?" 하는 현실적인 고민을 진지하게 시작했을 수도 있다. 어느 날 진로를 결정했다가 그다음 날에는 바로 마음이 흔들리기도 한다. 십대는 어린이가 어른으로 성장하는 시기로서 심리적으로 급격히 불안정해질 수 있다는 임상적 보고도 있다. 때론 '인간이란 무엇인가'라는 문제를 생각하기도 하고, 자기모순에 눈을 뜨기도 하면서 성장통을 겪는 시기인 것이다.

이런 민감한 시기에, 그리고 앞으로 어떤 일을 하며 살아가면 좋을지 진지한 고민이 시작될 때, 미래의 직업에 대한 탐색은 교과 공부에 밀려 제쳐 둘 수 없는 중요한 일이 아닐 수 없다. 직업에 대한 바른 '정보'는 인생을 살아가기 위한 지도와 같은 것이기 때문이다. 자기에게 가치 있는 정보는 바닷가의 모래알 하나보다 작고 손에 쥐기 어려울지도 모른다. 하지만 자신을 100퍼센트 살릴 일을 찾기 위해서는 이런 정보를 찾는 노력을 게을리할 수 없다. 필요한 정보를 찾고 자기 안에 쌓아 두는 기술은 세상을 지혜롭게 살아가는 데도 소중하다. 그런데 대부분의 학생들은 어떤 직업이 우리 사회에서 구체적으로 무슨 일을 맡고 있는지, 어떻게 그 직업인이 될 수 있을지 정확하고 상세한 정보를 얻기가 매우 어려운 실정이다. 이런 상황에 처한 십대에게 '살아가는 의미'와 '진로'를 진지하게 고민해 볼 수 있는 책이 필요하다고 판단하고 '직업 탐색 보고서'를 기획하게 되었다.

이 시리즈에는 무슨 정보를 어떤 형식으로 담았을까?

첫째, 중학생들이 각 분야 전문가를 직접 인터뷰한 내용을 알기 쉽게 정리했다. 창비에서는 2008년부터 여름방학 때마다 직업을 탐색해 보는 드림캠프를 열었다. 이때 참가한 학생들 가운데 인터뷰를 희망하는 중학생을 선발했으며, 인터뷰어로 뽑힌 학생들 자신이 만나보고 싶은 사회의 저명 직업인을 직접 찾아가 궁금한 것을 물어본 것이다. 인터뷰 속에는 현재의 삶에 만족하는지부터 전문가가 되기 위해 무엇이 필요한지 등 해당 직업에 대해 학생들이 정말 궁금해하는 것을 담았기 때문에 질문이 소박하지만 현실적이다. 학생들 앞에 앉은 해당 직업의 종사자들은 하나하나 쉽게 답변하려 애썼기 때문에 책을 읽는 학생들이 "아, 그런 점이 있구나." 하고 고개를 끄덕일 대목이 적지 않다. 이 시리즈를 읽을 청소년들은 질문을 던지는 학생과 함께 전문가들이 무슨 생각을 하고 있는지 귀 기울여 들으며 자기에게 필요한 정보를 뽑아 체크하면서 읽으면 좋을 듯하다.

둘째, 전문가들이 인터뷰에서 못다 한 중요한 이야기를 글을 통해 자상하게 들려준다. 학생들과의 대화 속에 미처 담지 못했던 해당 전문 분야에 대한 설명, 직업인으로서 세상을 보는 관점, 해당 직업에 대한 진지한 생각 들이 담겨 있다. 학생들이 엉터리 정보를 믿고 걸어가면 길을 잃을 수도 있기 때문에 바르고 상세한 정보를 들려주기 위해 각별히 노력한 부분이다.

셋째, 학생들이 해당 직업에 대해 좀 더 알아보는 탐구 활동을 수록했다. 인터뷰에 참여한 학생들이 직접 기사를 써 보거나 현장을 기록하고 관련 분야를 체험해 볼 수 있는 기회를 마련했다. 이 책에 소개된 활동은 다양한 직업 체험의 작은 일부일 뿐이며, 이 책을 읽는 독자들 스스로 참여할 수 있는 캠프나 봉사 활동을 찾아 실천해 보면 좋겠다. 뒤에 붙은 부록에는 해당 분야와 관련된 책이나 영화 등 도움이 될 만한 자료를 모아 엮었다.

우리 사회의 다양한 직업들을 직접 탐색해 보는 이 시리즈를 통해 십대들이 스스로 미래를 위한 정보를 수집하고 자신의 인생을 만들어 나가기를 바란다.

'직업 탐색 보고서' 기획위원회

커뮤니케이션 디자인

여러 가지 목적의 소통과 관련한 디자인 분야입니다. 책, 잡지, 포스터 등을 만드는 **편집 디자인**, 기업이나 제품의 이미지와 가치를 만드는 **브랜딩 디자인**, 그것을 널리 알리는 **광고 · 홍보 디자인**, 디지털 미디어 매체와 관련한 **뉴미디어 디자인** 등이 있습니다.

공간 디자인

건축 디자인, 조경 디자인, 실내 공간을 용도에 맞게 꾸며 주는 **인테리어 디자인, 가구 디자인, 조명 디자인** 등 우리가 살아가는 공간을 더욱 멋지고 쾌적하게 만들기 위한 디자인 분야입니다.

communication

space

graphic design

공공 디자인

지하철의 안내 표시나 지도 같은 **정보 디자인**, 가로등, 휴지통, 자전거 거치대 등을 개선하는 **공공시설 디자인**, 합리적이고 좋은 사회를 만들고자 연구하는 **커뮤니티 디자인** 등 지역공동체를 위한 디자인 분야입니다.

public

BUS

eco · universal

살림·살찜의 디자인
모든 분야의 디자인에
관여합니다. 친환경 디자인,
모든 사람이 손쉽게 쓸 수 있는
제품 빛 사용 환경을 만드는
유니버설 디자인 등이 있습니다.

transportation

세품 디자인
주방용품, 가전제품 등 우리
생활에서 사용하는 물건의 기능과
교양을 개선하는 생활용품 디자인과
자전거, 자동차, 모터사이클, 기차,
비행기 등 탈것을 전문으로 하는
운송 기기 디자인 등이 있습니다.

fashion

패션 디자인
의상 디자인, 옷감이나
실 등을 디자인하는 텍스타일 디자인,
가방, 구두, 보석 등의 액세서리 디자인,
침구류 등 집 안을 꾸미기 위한
인테리어 소품 디자인이
여기에 속합니다.

패션 디자이너 이상봉

◆ 디자이너가 된 계기가 궁금해요

우연? 아니 행운이었어요. 학창 시절에는 작가를 꿈꾸기도 했고, 평생 연극인으로 살아야겠다고 생각한 적도 있어요. 하지만 경제적으로 여유 있는 상황이 아니었기 때문에 포기해야 했지요. 참 아픈 선택이었지만 앞으로 어떤 일을 하더라도 결코 포기하지 않겠다고 굳게 다짐하는 계기를 주었습니다. 그리고 나서 수선집을 한번 해 보자 싶어 국제복장학원에 등록해 온종일 옷에만 매달렸어요. 그 뒤 국제패션디자인연구원 과정을 통해 디자이너라는 직업에 눈을 뜨게 되었고, 기성복 업체에서 5년간 디자이너로 일하다 1985년에 '이상봉'이라는 이름의 패션 회사를 세우게 되었지요.

◆ 한글을 이용한 패션 디자인으로 널리 알려지셨는데 한글을 이용하게 된 특별한 이유가 있으세요?

2005년 10월 파리 컬렉션에서 훈민정음을 이용한 디자인을 처음으로 발표했어요. 2006년도에는 한글 서체를 본격적으로 디자인에 응용했지요. 외국에서 패션쇼를 하다 보니 '한국을 대표하는 문화가 무엇일까' '어떻게 하면 우리 것, 우리 문화를 잘 살린 옷을 만들까' 고민되더군요. 그러다 한글이 떠올랐어요. 주변 사람들의 걱정이 많았지만, 결과는 대성공이었지요. 한글이 아름답지 않다고, 디자인하는 데 장애가 된다고 보는 건 잘못된 생각이에요. 한글은 선조들이 물려준 가장 큰 선물이지요. 디자이너인 제가 한글이 아름답다는 것을 알리는 방법은 결국 디자인을 통해서라고 생각해요. 앞으로 더욱 더 새로운 한글 디자인, 한글 스타일을 만들어 나갈 겁니다.

◆ 디자이너를 꿈꾸는 청소년들에게 한 말씀

너무 일찍 진로를 정하기보다는 여러 가지 경험을 쌓으면서 자신이 정말로 좋아하는 것이 무엇인지 꼭 발견하세요. 남들이 시도하지 않는 것을 끊임없이 배우고 도전하는 자세를 갖는 것도 중요합니다. 그리고 열정을 가지고 꿈을 향해 나아가세요.

1·2. 2006년 가을겨울 컬렉션에서
한글을 이용해 디자인한 의상을 입고
무대에 선 모델들의 모습.
3. 2007년 가을겨울 컬렉션에서
선보인 한글을 이용한 디자인.
4. 2007년 봄여름 컬렉션.
한글과 수묵화를 접목해 디자인한
작품이다.

김성룡

◆ 언제부터 디자인에 관심을 갖게 되셨어요?

원래는 대학 진학을 건축과로 하고 싶었어요. 그런데 수학을 엄청 못해서 디자인 전공으로 진로를 바꾸게 되었지요. 그때는 시각 디자인과 공업 디자인이 대표 전공이었는데 입체로 뭘 만들기를 좋아해서 공업 디자인을 택하게 되었고, 결국 산업 제품 중 조형미가 가장 중시되는 자동차 디자인을 하고 있습니다.

◆ 자동차 디자인만의 매력이라면? 또 자동차 디자이너로서 가장 기뻤던 때는 언제인지요?

과거에 비해 국가 경제력이 많이 향상되었고 라이프스타일이 매우 다양해지면서 대중들의 감성에 어필할 수 있는 세련된 조형미가 더욱 중요한 요소로 부각되기 시작했습니다. 자동차는 크기가 일반 제품보다 매우 크지요. 움직이는 운송 수단으로서의 기능이 있지만 달리지 않을 때는 거리나 외부 환경, 그러니까 대중 공간에서 조형물로 간주되기도 합니다. 그러니 어느 각도에서 보더라도 아름다운 선이 일관성 있게 드러나야 하고, 면은 선과 조화를 이루며 절제감 있는 조형미를 드러내야 해요. 자동차가 단지 달리는 기계로만 인식된다면 우리 일상은 매우 건조할 것입니다.

자동차 디자이너로서 가장 기뻤던 때라면…… 1992년도 포드사에서 근무할 때 제가 디자인한 "머스탱 마하 3"란 작품이 실제 콘셉트 카로 만들어져 이듬해 1월 디트로이트 모터쇼에 출품된 적이 있습니다. 평면 스케치가 실제로 형상화되어 실물로 만들어진 것이지요. 여러 언론 매체나 미디어로부터 좋은 평가를 받았을 때 무척 기뻤습니다.

◆ 디자이너를 꿈꾸는 청소년들에게 한 말씀

주변의 모든 현상과 환경에 관심을 갖고 세상을 바라보세요. 물론 사람에 대한 관심이 가장 우선이겠지요. 그리고 자연과 더불어 사는 미래에 대해 진지하게 고민해 주기를 바랍니다. 디자인은 사람의 삶을 풍성하고 아름답게 해 주는 매우 창조적인 영역입니다. 타인을 배려하는 마음으로 디자인을 한다는 것은 무척 흥미롭고 멋진 일이에요. 또 여러분들이 상상하는 미래를 어떻게 실제로 만들어 나갈 수 있을지 주위 친구들과 나누면서 더 큰 꿈을 그려 나가기 바랍니다.

1 · 2. 2006년 현대자동차 산학협동 프로젝트로 추진된 차세대 크로스 오버 유틸리티
승용차(CUV)의 내부와 외관 디자인.

3. 1992년 포드사에서 일할 때 디자인한 머스탱 마하 3.
섬세하고 미끈한 곡선을 살려 자동차의 볼륨을 강조했다.

4. 상용화를 앞둔 2014년형 제3세대 400km급 KTX 외관 디자인.
역동적인 이미지를 구현했다.

5. 2014년형 제3세대 400km급 KTX 객실 내부 디자인.
감성적이면서도 승객들의 행동 양식을 최대한 배려하여 디자인했다.

인테리어 디자이너
최 시 영

◆ 인테리어 디자인이란?

우리가 밥을 먹는 곳, 차를 마시는 곳, 학교, 서점, 영화관 등 지금 여러분이 생활하는 곳이 만족스럽지 않다면 그것을 만족스럽게 바꾸는 과정이 인테리어 디자인입니다. 디자인은 명사가 아니라 동사입니다. 마음에 들게 변화시키다, 그것이 바로 디자인이에요.

◆ 선생님의 디자인 철학이 궁금해요.

디자인 철학은 바뀔 수 있고 늘 바뀌어 왔는데요, 요즘은 자연의 소리와 자연의 건강을 실내로 끌어들이려고 노력하고 있습니다. 우리의 삶과 자연과의 조화를 꾀하는 것이죠. 또 시간을 껴안는 공간을 디자인하려고 합니다. 지금까지는 공간의 개념으로 디자인했다면, 앞으로는 그 공간에서 식사할 때, 책을 볼 때, 친구들과 모여 이야기할 때 어떤 일이 벌어질지 상상하면서, 더 나아가 어떠한 일이 벌어지기를 바라는 마음까지 담아서 디자인을 하려고 합니다. 그럴 때 디자인은 달라집니다. "사람들이 즐기는 것을 디자인하지 말고 즐기고 싶어하는 것을 디자인하라" 괴테의 말이지요. 조금만 앞서서 생각하면 미래를 예측하는 디자인을 할 수 있다고 생각해요.

◆ 인테리어 디자이너의 전망은 어떨까요

예전에는 후배들한테 이 직업을 선택하지 말라고 했어요. 너무 힘들고 앞날도 불투명하고…… 지금은 적극 추천하고 있습니다. 우리 사회는 'the best'를 추구하는 사회에서 'only one'을 추구하는 사회로 변하고 있어요. 남다른 관찰력, 남다른 시각을 지닌 디

자이너가 필요한 세상이에요. 그리고 우리나라 초등학교 교과목에 '디자인' 과목이 생긴다고 해요. 그만큼 디자인, 디자이너의 가치가 중요해진 것이지요. 디자이너의 전망은 밝습니다.

1·2. 부산에 있는 퀸덤 아파트.
"2008 골든 스케일 디자인 어워드" 국토해양부 장관상 수상.
돌, 나무 패널, 도장 등 사람들의 감성을 자극하는 자연적 요소를 통해
정겹고 따스한 주거 공간을 담아냈다는 평가를 받았다.
3. 경기도 양평에 있는 호텔형 콘도미니엄, 더블랙스위트.
공간 구성을 단순화하고 자연 소재를 사용해 자연스러운 편안함을 추구했다.

유엑스 디자이너
최은석

◆ 유엑스 디자인 UX Design 이란?

'사용자 경험(User eXperience) 디자인'을 줄여서 유엑스 디자인이라고 합니다. 다양한 디지털 환경을 이용하여 사용자가 제품이나 서비스를 좀 더 멋지게 경험할 수 있도록 전체적으로 디자인하는 것입니다. 애플사의 아이팟, 아이폰, 아이패드 같은 제품이 유엑스 디자인과 결합해 가장 성공한 사례로 이야기되고 있지요. 최근에는 이러한 디지털 제품을 넘어 사회·문화 전반에 이르기까지 유엑스 디자인이 널리 응용되고 있습니다. 디지털을 이용해 사람들의 생활에 변화를 주고 새로운 경험을 하게 하는 것을 통틀어 유엑스 디자인이라 하겠습니다.

◆ 가장 기억에 남는 작업이 있다면 무엇인가요?

제가 추구하는 유엑스 디자인은 사람들의 일상생활에 디지털을 이용해 새로운 경험을 만들어 내는 것입니다. 그런 점에서 2010년 5월, 유네스코 세계문화예술교육대회에서 개막 공연으로 선보인 4D 디지로그 아트 "서울 무지개—2010 색깔의 꽃과 새 그리고 물고기를 위하여"가 기억에 남습니다. 한국의 전통 예술에 홀로그램 입체 영상과 4D 기술을 결합했지요. 이어령 선생님이 대본을 쓰시고, 김덕수, 안숙선, 국수호, 이생강, 황병기 선생님 등 한국 전통 예술의 거장들이 한꺼번에 출연해 행사 자체만으로도 그 의미가 컸지만, 광고 분야에서만 사용하던 홀로그램 입체 영상을 이용해 공연을 진행한 최초의 작업이라 각별해요.

◆ 디자이너를 꿈꾸는 청소년들에게 한 말씀

이제 디자인이란 직업의 차원을 넘어섰다고 봅니다. 끊임없이 자기를 돌아보고 자기 정체성을 탐구해 세상과 대화하려 노력하는 것이 디자인이라 생각합니다. 현실에 안주하지 않고 늘 새로운 것에 도전하는 남극 탐험대와 같은 마음으로 사람들이 원하는 것이 무엇인가를 탐구하는 호기심 가득한 삶의 자세를 갖길 바랍니다.

1. "서울 무지개"의 한 장면. 가야금 명인 황병기의 침향무 소리에 홀로그램 물고기가 반응하며 춤추고 있다.
2. "서울 무지개"에서 홀로그램 영상 속 국수호 명인이 이생강 명인의 대금 연주에 맞추어 춤을 추고 있다.
3. 2010년 1월에 열린 "디지로그 사물놀이—죽은 나무 꽃피우기" 공연의 한 장면. 사물놀이 연주가 김덕수가 장구를 치고, 그 옆에 북, 징, 꽹과리를 치는 홀로그램 영상 속 김덕수가 함께 연주하고 있다.
4. "디지로그 사물놀이" 공연이 끝난 뒤 이어진 탭댄스 공연에서 공연자가 내는 경쾌한 리듬에 따라 알파벳글자와 음악 기호 들이 흩어지며 움직이고 있다.

박원순

◆ **소셜 디자이너** Social Designer **란?**

음, 한국 사회를 어떻게 하면 한 단계 업그레이드시킬 수 있을까, 어떻게 하면 좀 더 상식적이고 합리적이고 삶의 질이 보장되는 사회로 만들어 나갈 수 있을까 고민하다가 제가, 새로운 직업을 만든 것이지요. 그런 의미에서 소셜 디자이너란 단순히 많은 돈을 들여 화려하고 보기 좋게 외관을 꾸미는 그런 디자인을 하는 것이 아니라 좀 더 나은 사회로 만들어가기 위해 생각하고 행동하는 사람이라고 할 수 있겠지요.

◆ **선생님의 디자인 철학이 궁금해요**

좋은 사회, 좋은 세상은 저절로 만들어지는 것이 아니라 그 구성원들이 어떻게 의지와 열정을 가지고 만들어 가느냐에 달렸다고 봅니다. 그런 의미에서 좋은 사회로 가는 방향과 길, 그 내용을 구체적으로 디자인하는 것이 필요하지요. 한 마을, 한 도시를 설계할 때 부자와 가난한 사람이 어떻게 함께 잘 살 수 있는지 연구하는 것도 소셜 디자인의 하나지요. 돈과 마음을 나누는 디자인이라고 할 수 있겠는데, 아름다운 재단이나 아름다운 가게도 소셜 디자인의 하나예요. 이들 모두 시민들의 권리와 희망을 함께 나누고, 부족한 사람들에게 나눔을 행하는 소셜 디자인을 하는 것이죠.

◆ **디자이너를 꿈꾸는 청소년들에게 한 말씀**

디자인은 우리가 흔히 아는 패션 디자인, 인테리어 디자인만 있는 게 아니랍니다. 좋은 세상을 가꾸고 만들어 가는 것도 디자인이에요. 그래서 교육이나 복지, 마을의 디자인도 가능한 것이지요. 새로운 디자인 세상에 도전해 보기를 바랍니다.

PETAL POWER GARDENER'S POTHOLE PROTEST

A guerrilla gardener from Shoreditch is planting flowers in potholes to highlight the lack of repairs. Steve Wheen, below, uses flowers from Columbia Road market. His site – thepotholegardener.com – has had 25,000 hits in a month

1. 독일 베를린 거리에 있는 공공 화장실의 모습.
도시 환경을 구성하는 조형물로 손색없어 보인다.
2. 영국 런던의 쇼디치에 사는 스티브 윈 씨의 독
창적 항의 방식에 관한 이브닝 스탠더드 신문 기
사. 그는 보도블록 관리를 제대로 하지 않는 지방
정부에 항의해 깨지거나 빠져나가 위험해진 도로
의 보도블록 사이에 예쁜 꽃을 심었다.
3. 영국 런던 지하철의 손잡이. 똑바로 세워져 있
지 않고 약간 기울어져 서로 다른 위치와 지점에
서 여러 사람들이 잡기에 편리하게 설계되었다.
사람들의 동작과 경험과 습관을 배려한 디자인이
돋보인다.
4. 서울 종로구에 위치한 아름다운 가게 1호점의
모습.
5. 독일 베를린 지하철역에 설치된 쓰레기통. 색
깔마다 버리는 쓰레기의 종류가 다르다. 예술과
실용을 겸들인 쓰레기통을 통해 독일 디자인의
진면목을 볼 수 있다.

Restmüll   Verpackung   Glas   Papier

1 | 부 |

이나미 디자이너를 인터뷰하다

_1_

디자인이 뭐예요?

● 좀 가벼운 질문부터 할게요, 선생님. 저희 학교는 교복을 입는데
요, 같은 모양이라도 좀 더 예쁘게 입는 방법이 있을까요?

자기가 생각할 때 예쁜 모양으로 고쳐 입는 건 좋다고 생각해요.
왜냐면 되도록 예쁜 것을 찾는 것이 인간의 욕망이니까요. 그런데
문제는 뭐가 예쁘냐 하는 거지요.

예를 들어서 옷이 몸에 딱 붙으면 예쁠 것 같아서 그렇게 입었는
데, 막상 보니까 살이 더 삐져나오고 단추가 벌어져서 터지게 생겼
다고 해 봐요. 그렇다면 그게 예쁜 걸까요? 아니면 스커트를 짧게
입고 싶어서 그렇게 고쳤어요. 그런데 옷이라는 것이 윗도리와 아

랫도리의 비례가 맞아야 예쁘잖아요. 그 비례는 생각하지 않고 무조건 스커트만 짧게 하면 예쁠까요? 그런 안목을 키우는 것이 중요해요. 그래야 똑같은 교복이라도 더 예쁘게 입을 수 있을 테고요. 어쨌든 자기에게 뭔가를 맞춰서 고쳐 입는 것은 인간의 본능이에요. 그런 게 없었다면 디자인이 존재하지 않았을 거예요.

내가 학교 다닐 때는 교복 칼라에 풀을 먹여 입었는데, 풀을 멋지게 먹이는 게 제일 예쁘다고 생각해서 열심히 먹이고 다녔지요. 하지만 너무 노력이 많이 드는 일이라 나더러 교복을 디자인하라면 칼라에 풀을 먹이는 디자인은 절대 하지 않을 것 같아요. (웃음)

● 디자인이 뭐예요?

내가 먼저 듣고 싶어요. 디자인이 뭐라고 생각해요?

● 내가 원하는 걸 만들어 내는 것이오. 사람들의 시선을 확 끌 수 있게, 사람들이 제품을 더 많이 사도록 만드는 것. 그리고 실용성도 있어야겠지요.

맞아요. 자기도 원하고 다른 사람들도 만족시키는 것, 두 가지가 잘 맞아야 해요. 디자이너가 만들고 싶은 게 있어요. 그것을 다른 사람들도 필요로 하고, 또 멋있게 생겨서 갖고 싶어한다면 좋겠지요. 조금 어렵게 얘기하면 '디자인은 삶의 질을 개선하는 일'이에요. 이왕이면 효율적이고, 멋있고, 재미있게 살 수 있게 궁리하는 일이에요. 궁리에 그치는 게 아니라, 실제로 사람들이 사용할 수 있게 실현해야 하지요.

그럼, 디자이너가 만들 수 있는 게 무엇이 있을까요? 교통 신호등을 예로 들어 볼까요? 신호등의 역할은 차와 사람이 효율적으로 움직일 수 있게 질서를 만들어 주는 것이에요. 그래야 안전을 지키고, 이동하는 시간도 절약할 수 있지요. 디자인에 있어서는 '효율'이라는 말이 무척 중요해요. 디자인을 한다는 건 시각적으로만 보기 좋게, 예쁘게 하는 게 아니에요. 신호등을 디자인할 때는 신호등을 건너는 사람들의 걸음걸이도 생각해야 해요. 건널목은 아이나 어른, 노인 모두 이용하잖아요. 사람에 따라 걷는 속도가 저마다 다른데, 모두가 불편하지 않게 배려해야 해요. 그러려면 파란불이 몇 초 동안 켜 있어야 하고, 신호등이 깜빡거리는 것은 얼마 동안이면 저당할지를 생각해야지요. 이처럼 디자인한다는 것은 단지 모양을 예쁘게 하고, 알아보기 쉽게 만드는 게 아니에요.

● 디자인이 삶의 질을 개선한다고 말씀하셨는데, 제가 평소에 생각해 온 디자인의 의미와 많이 달라서 놀랍네요. 좀 더 자세히

설명해 주시겠어요?

　디자인은 우리 삶에서 떼려야 뗄 수 없는 요소예요. 사람들이 살아가는 데에는 기본적으로 뭐가 필요하지요? 그래요, 의식주예요. 먹고, 입고, 자는 문제가 사람들에게 가장 중요하니까. 의식주와 디자인이 어떻게 연결되는지 하나하나 짚어 볼게요.

　먼저 디자인이라고 했을 때 금세 머릿속에 떠올리는 옷부터 살펴볼까요? 옷을 만들 때 디자이너는 무엇을 고려해야 할까요? 활동하기 편하고, 겨울에는 따뜻하고 여름에는 시원하고, 개성을 살릴 수 있게 멋있어야 하고, 그리고 이왕이면 입어서 즐거우면 좋겠지요. 이런 욕구들을 충족시키는 것이 디자이너의 일이에요. 더 나아가면 배가 불룩 나온 사람의 배를 가려 주는 것도 디자인이지요. 박태환 선수가 입을 수영복을 디자인한다면, 물의 마찰을 줄일 수 있는 소재를 개발하는 것도 염두에 두어야 해요. 그러니까 디자인을 하려면 과학도 잘 알아야 해요.

　음식 영역에서도 디자인은 매우 중요해요. 원시 시대 사람들은 사냥을 해서 먹잇감을 구했지요. 맨손으로 때려잡을 수는 없으니까 사냥을 하려면 도구를 만들어야 했어요. 즉, 사냥 도구를 디자인한 거예요. 그리고 사냥해 온 고기를 요리하려면 솥이나 칼 따위가 필요해요. 그 도구들이 없어도 그냥 뜯어 먹을 수는 있겠지요. 하지만 요리 도구가 있으면 식사 준비를 더 효율적으로, 더 멋있게, 때로는 재미있게 할 수 있어요. 현대의 주방에 있는 식기, 냄비, 냉장고, 믹서 등등 수많은 도구들을 떠올려 보면 알 수 있을 거예요. 다 디자이너의 손길이 닿아 있는 제품들이지요. 푸드스타일리스트라는 직업이 있는데, 음식 영역의 특화된 디자이너라고 보

면 돼요. 테이블을 어떻게 멋있게 꾸밀까, 이 음식에는 어떤 그릇이 어울릴까 등등을 고민하지요.

　집에 대해서도 디자이너는 할 일이 참 많아요. 건축도 기본적으로 디자인에 속해요. 집을 지으려면 우선 지형을 잘 살펴서 그에 적당한 모양을 구상해야겠지요. 그리고 적절한 재료를 고르는 것도 중요해요. 예전에 우리나라에서 초가집을 많이 지었던 것은 아마도 흙과 짚을 구하기 쉬웠기 때문일 거예요. 대리석이 나지 않는 지역에서 대리석 집을 지으려면 운송비가 많이 들어서 비효율적이지

요. 집만 짓는 게 아니라, 인테리어를 어떻게 할지도 정해야 해요. 침대나 의자는 어떤 것을 어떻게 배치할 것인가, 벽지는 무엇으로 할 것인가 등등.

난방도 중요한 요소예요. 우리나라의 집들은 온돌로 난방을 해요. 온돌은 고구려 시대에도 있던 난방 방식인데, 지금의 아파트에도 쓰고 있잖아요? 옛날 방식을 현대화하는 과정에서 디자이너가 힘을 보탰어요. 디자이너는 좌식 생활을 하는 우리 문화를 고려하고, 건강을 생각하고—서양식 난방은 히터를 틀어서 공기를 데우는 거예요. 그러다 보니 방안에 떠도는 먼지를 많이 들이마시게 되지요. 온돌은 바닥을 따뜻하게 데우는 거라서 그럴 걱정이 적고 건강에 유익해요—집안 구조를 생각하면서 현대적인 온돌을 만들었을 거예요. 집 한 채를 들여다보면 헤아릴 수 없이 많은 디자인 개념이 들어가 있어요.

● 그럼, 기능도 디자인에 속하는 건가요?

참 중요한 질문이에요. 예를 들어 음료 한 잔을 컵에 따라 마신다고 해 봐요. 어떤 종류의 음료를 담을 것인가에 따라 다른 디자인의 컵을 고르겠지요. 시원한 음료를 담을 거라면 긴 유리컵이 적당하겠고, 뜨거운 차라면 손을 데지 않게 손잡이가 달린 컵이 좋겠고요. 사실 기능보다는 '용도' 또는 '쓰임새'라는 표현이 더 적절할 듯해요. 이처럼 쓰임새에 따라서 디자인도 크게 달라져요. 디자인을 할 때 쓰임새는 가장 먼저 고려해야 할 사안이지요.

● 선생님은 디자인할 때 쓰임새, 모양, 내용 가운데 무엇을 가장 중요하게 여기시나요?

그건 육체와 정신 중에 무엇이 더 중요한가 하고 묻는 것과 같아요. 사람에게 육체와 정신이 모두 중요한 것처럼, 디자인에서 쓰임새, 모양, 내용 등은 늘 함께 가야 할 조건이에요.

디자인을 하는 최초의 동기가 무엇인지 생각해 보면 알 수 있을 거예요. 가령 맨발로 다니는 사람이 있다고 해 봐요. 그런 사람이 신을 신발을 디자인한다면 발이 다치지 않게 잘 보호하는 것을 첫 번째 목적으로 두어야겠지요. 그리고 그 사람이 사는 곳이 비가 많이 오는 지역인지 모래가 많은 지역인지 등 기후를 따져 보아 신기 편한 신발을 만들어 주는 것이 중요해요. 그런가 하면 신발은 많지만 더는 신기가 지겨워진 사람에게는 새롭고 독특한 모양의 신발을 만들어 주는 게 필요하겠죠.

사막에서도 발을 보호할 수 있는 신발이냐, 지루하지 않은 멋진 모양의 신발이냐. 이처럼 최초의 동기에 따라서 디자인할 때 중점을 두어야 할 내용이 달라질 수 있어요.

● 편한데 멋이 없는 디자인과 멋있는데 안 편한 디자인이 있다면
  둘 중 어느 것이 더 좋은 디자인인가요?

멋있긴 한데 안 편하면 별로 좋은 디자인이라 할 수 없겠지요.
거꾸로, 편하긴 한데 안 멋있으면 그것도 좋은 디자인이 될 수 없을
거예요. 둘 중에 하나만 택할 수는 없는 문제예요.

그런데 이런 경우는 어떨까요? 편하기도 하고 멋있기도 하고, 희
귀한 것. 누구나 쉽게 가질 수 없는 고급 물건이 되었으면 해서 코
끼리 상아처럼 희귀한 재료로 물건을 만들었어요. 그런데 상아를
이용하려면 코끼리가 이유 없이 죽어야 하잖아요. 그렇다면 편하
고 멋있고 희귀한 이 디자인은 좋은 디자인일까요? 그건 한번 생각
해 볼 만한 일이에요. 좋은 '마음', 좋은 '태도'를 지닌 디자인이야
말로 진정으로 좋은 디자인이 아닐까 하는 생각입니다.

비용을 지나치게 아끼느라 모양새나 질이 떨어진다면, 그것 역
시 좋은 디자인이라고 할 수 없어요. 가급적 저렴한 비용을 들여서,
만드는 과정에서 지구 환경과 다른 사람에게 피해를 입히지 않으
며, 사람들이 효율적으로 살 수 있게 기여하고, 사람의 마음에 상처
를 주지 않는 것. 이 모든 것을 두루 반영한 디자인이 좋은 디자인

이라고 생각해요. 어렵지요?(웃음)

● 디자인의 영역은 어디서부터 어디까지인가요?

디자인은 사람들이 삶을 효율적이고, 멋있고, 재미있고, 가치 있게 살 수 있는 방법을 생각해서, 그 생각의 결과를 사람들이 사용할 수 있게끔 만드는 일이에요. 이것의 결과물은 책이나 컵, 카메라처럼 구체적인 것도 있지만, 눈에 보이지 않는 것도 포함이 되지요.

예를 들어 A도시에서 B도시로 가려면 다양한 길을 이용할 수 있어요. 그리고 시간대에 따라서 차량이 많은 시간, 적은 시간이 나뉘지요. 이처럼 도로 정보와 교통량 등을 종합해서 어떻게 하면 교통체계를 효율적으로 만들 수 있을지 연구해 도표를 만드는 것도 디자인의 결과물에 해당해요. 그 과정에서 디자이너는 굉장히 많은 관찰을 하고, 문제 해결 방법을 찾기 위해 다이어그램을 만들고, 교통 체계를 기획하지요. 이런 일을 '정보 디자인'이라고 불러요. 정보 디자인은 왜 이런 현상이 일어나는지 파악하고, 그것을 보기 좋게 설명할 수 있게끔 만드는 일 등을 해요. 그것도 물건을 만드는 것과 다르지 않아요. 이처럼 어떤 문제가 앞에 있을 때 효율적 해결 방법을 찾는 것도 디자인이지요.

인터넷에 위키피디아라는 백과사전이 있어요. 인터넷 사용자들이 함께 내용을 만들어 가는 백과사전이지요. 누군가 어떤 항목에 대한 설명을 올리면, 다른 누군가가 거기에 내용을 보충하고 수정하고, 또 다른 누군가가 보충하고 수정하는 식으로 만들어 가는 거예요. 참고로 영어판(en. wikipedea.org)이 가장 많이 이용되고 있는데 거기에서 디자인에 대한 항목을 검색해 보면 가장 최신의 디자인 개념을 이해할 수 있어요. 이처럼 생각하는 사람, 문제를 해결하는 사람, 사람들이 사용할 수 있는 무엇인가를 만드는 사람이 바로 디자이너예요. 이때 '사용할 수 있는 무엇'이란 구체적인 형태를 띤 것뿐 아니라 과정, 방법 따위도 속해요. 그러니 디자인의 범위는 굉장히 넓어요.

디자인의 영역 구분도 예전과는 많이 달라지고 있어요. 과거에는 그래픽 디자인 안에서도 편집 디자인, 웹 디자인, 패키지 디자인, 아이덴티티 디자인 등 세부 영역에 대한 구분을 따로 했지만, 현재는 그 구분을 중요하게 생각하지 않아요. 누가 디자인을 더 인상적으로 잘하느냐를 중시하지요. 문제를 매력적으로 해결할 능력이 있는 디자이너라면 영역을 넘나들며 디자인을 할 수 있을 것이라고 기대하는 거예요. 한 회사에 웹 디자이너만 모여 있는 형태는 점차 줄어들 거예요.

미국에 아이데오(IDEO)라는 유명한 산업 디자인 회사가 있는데, 거기에는 디자이너는 물론이고 역사학자, 생물학자, 사회학에 관심이 많은 사람 등등 다양한 사람들이 모여서 일해요. 예를 들어 새 자전거를 개발한다고 하면 이런 식이지요. 사람들은 자전거를 왜 필요로 하는지, 자전거의 역사가 어떻게 되는지, 앞으로 어떤 개념의 자전거가 필요할 것인지, 에너지 문제는 어떻게 풀어야 할지 등등을 연구해요. 그 의견들을 모아서 어떤 자전거를 만들어야 할지를 결정하고, 그 요건에 맞게 새로운 자전거를 디자인하는 거예요. 이처럼 디자인이라는 개념이 예전과는 다르게 변하고 있죠. 다양한 분야들이 교류하고 융합하면서 새로운 개념, 새로운 영역의 디자인을 만들어 내고 있지요. 여러분들은 새로운 시대의 주인공답게 이와 같은 세상의 변화에 관심을 가져야 합니다.

● 요즈음 '공공 디자인'이라는 말을 종종 듣는데, 그것은 무슨 의미인가요?

공공 디자인이란 나 혼자만 누리는 디자인이 아니라, 사회 구성원들이 함께 누리는 디자인이에요. 공원, 가로등, 벤치, 공중 화장실, 주차장, 지하철역, 교통표지 등 도시의 시민이 함께 이용하는 시설과 체제를 디자인하는 일이죠. 모두가 이용하는 것이므로 누구에게는 편하고 누구에게는 불편하면 안 되겠죠.

시민 모두가 쾌적한 삶을 누릴 수 있게 돕는 공공 디자인이 되려

이탈리아 밀라노에서 열린 "2010 공공 디자인 페스티벌"의 행사장 모습.

면 자연환경을 고려하는 것도 매우 중요해요. 푸르고 맑은 자연환경은 시민 모두의 삶을 행복하게 할 테니까요. 그러자면 녹지 공간을 충분히 만드는 일부터 에너지를 절약하는 방식, 쓰레기를 최소화하거나 재활용할 수 있는 방법 등을 함께 고려해야 하겠지요. 모든 면에서 친환경적인 방식으로 추진해야 하는 것은 당연한 걸 겁니다.

공공 디자인은 도시를 계획하는 시점, 고층 건물이나 지하철 시스템을 설계하는 시점부터 충분히 검토하고 고려해야 해요. 장기적인 안목으로 보아야 시민들을 위한 최상의 디자인, 최고의 공공 디자인을 연구할 수 있을 테니까요.

하지만 공공 디자인을 '시설'을 개선하는 일로만 보아서는 안 될 것입니다. 공공 디자인을 통해 결국 개선되어야 할 것은 '삶의 질'이지 시설 그 자체만은 아니니까요.

_2_
디자이너는 어떤 사람인가요?

● 앞에서 디자인의 개념을 설명해 주셨는데, 그렇다면 디자이너의
  역할은 무엇인가요?

디자이너는 사람들의 삶의 방식과 성향에 맞추어 새로운 아이템을 만들어 내는 사람이에요. 새로운 아이템이란 물건일 수도 있고, 개념이니 생각의 체계일 수도 있어요. 그러는 가운데 효율적이고 새로운 삶의 방식을 만들어 내기도 합니다. 다시 말해서 디자이너란 대중의 삶을 효율적으로 만드는 일, 대중의 삶의 질을 개선하는 역할을 하는 사람이지요.

세상에는 건강한 사람들만 살아가는 게 아니에요. 눈 한쪽이 잘 안 보이거나 다리가 불편한 사람도 있고, 나이가 들어 거동이 불편한 노인도 함께 살아요. 몸이 불편한 사람들이 어떻게 하면 삶을 제대로 누릴 수 있을까, 디자이너는 이런 부분까지 고민을 해야 해요.

몸이 불편한 것은 아니지만, 왼손잡이도 비슷한 사례가 될 수 있겠네요. 세상에는 오른손잡이가 왼손잡이보다 훨씬 많잖아요. 그래서 물건들도 대부분 오른손잡이를 겨냥해서 생산돼요. 가위도 그렇고, 냉장고 손잡이의 위치도 오른손잡이가 사용하기 편하게 디자인되어 있지요. 오른손잡이야 으레 그러려니 하고 지나치겠지만, 왼손잡이 입장에서 생각해 보면 참 불편할 거예요. 디자이너가 그런 것에 눈을 돌려 왼손잡이용 제품을 디자인한다면, 왼손잡이의 삶의 질이 개선되겠지요.

노인이나 장애인을 배려한 디자인도 곳곳에서 볼 수 있어요. 지하철에 마련된 노약자석, 장애인 전용 화장실 등등이 있지요. 디자이너가 사회적 약자를 위한 디자인을 할 때는 "이것들이 나를 노인네(혹은 장애인) 취급하네!" 하고 기분 나빠하지 않게 세심한 곳까지 신경을 써야 해요. 그러므로 배려하는 마음도 디자이너에게는 굉장히 중요해요.

● 그럼, 디자인을 사용할 사람에 대해 알기 위해 노력하는 과정에서 생긴 재미있는 에피소드가 있다면 얘기해 주세요.

『만행―하버드에서 화계사까지』(열림원 1999)의 표지.
현각 스님이 한국 화계사에 적을 두기까지의 수행기
를 담고 있다. 스튜디오 바프 디자인.

　나는 책을 디자인하는 일을 많
이 하고 있어요. 책의 경우를 보
자면 첫 번째로는 저자에 대해서
잘 알아야 하고, 두 번째로는 그
책을 만들어 팔 사람들, 즉 출판
사의 생각을 잘 알아야 합니다.
세 번째로는 그 책을 읽게 될 독
자에 대해 잘 아는 것이 중요하
지요. 저자에 대해 알기 위해 노
력한다는 것은 글로 표현된 내용
이전에 저자가 어떤 생각, 어떤
느낌, 어떤 목적으로 그 책을 썼

는지 파악한다는 말이에요. 그리고 출판사는 그 책을 어떻게 알리
고 팔아야 할지 가장 많이 고민하는 입장인 만큼 그 출판사의 성향
과 생각에 부합하는 디자인이 되도록 노력해야 합니다. 마지막으
로 독자가 남았지요? 책은 저자의 '분신'과도 같은 것이지요. 그러
니 그 사람과 일치하는 '어떤 느낌'을 그 책을 읽게 될 독자들에게
잘 표현하고 전달할 수 있는 디자인을 해야지요. 독자는 오로지 책
을 통해서 저자를 만날 수 있으니까요.

하나의 책이 탄생하는 과정을 사람에 비유하자면 저자는 '어머니', 출판사는 '아버지', 디자이너는 '산파'와 같은 역할을 한다고 생각해요. 재미있는 생각이지요? 그러니 곧 태어날 '아이'와 같은 책을 위해 어머니와 아버지, 곧 저자와 출판사는 한마음 한뜻으로 서로 존중하고 화합하는 것이, 디자이너는 그 두 사람의 뜻을 잘 헤아려 능숙하게 산파 역할을 하는 것이 매우 중요합니다.

책뿐만 아니라 어떤 분야든 하나의 디자인이 탄생하기 위해서는 그와 같은 노력이 필요하지요. 내 경험은 아니지만, 재미있는 이야기를 들려줄게요. 생리대 회사에서는 어떤 소재를 써야 착용감이 좋을지, 어떻게 해야 흡수력이 뛰어날지, 또 크기나 모양은 어떻게 만들어야 할지 등을 연구하지요. 생리대는 여성용품이지만, 그것을 만드는 사람 가운데에는 남자도 있어요. 생리대는 몸에 닿는 착용감이 중요한 제품이라 그것을 느껴 보는 게 중요하대요. 그래서 남자 디자이너들도 직접 착용을 해 보면서 제품을 개발한다고 하더라고요.

생리대뿐이 아니에요. 아는 사람 가운데 화장품 회사에서 일하는 남자가 있어요. 그 사람도 매니큐어나 여성용 화장품을 직접 발라 본대요. 직접 체험해 봄으로써 더 나은 제품을 만들도록 한다는 거예요.

나도 화장품 용기 디자인을 의뢰받은 적이 있어요. 그런 경우는 의뢰받은 회사의 화장품뿐만 아니라 다른 회사의 화장품도 사서 써 봐요. 그렇게 직접 써 보면서 장단점을 비교하고, 용기 디자인에 대해서도 연구를 하지요. 어떤 로션은 펌프가 없어서 막 쳐야 나오는 게 있어요. 그런데 그건 여성의 아름다움과 안 어울리지요. 거울 앞에서 로션 용기를 손바닥에 막 치는 모습을 떠올려 봐요. 우아하지 않잖아요. 그런 경험을 하면서 용기의 디자인을 이렇게 하면 좋겠다는 생각을 떠올리는 거죠.

● 디자이너와 의뢰인의 관계가 어떤지 궁금해요.

나는 디자이너와 의사가 비슷하다는 생각을 해요. 예를 들어, 어떤 사람이 귀가 아파서 병원에 찾아갔어요. 의사에게 가서는 인터넷에서 찾아보니 무슨무슨 병 같다, 이런저런 약을 처방해 달라고 먼저 말을 건네는 경우도 있겠지요. 그런데 의사가 진찰을 해 보니 환자가 말한 것과 달라요. 실은 뇌에 문제가 있었던 거예요. 당연히 치료 방법도 다른 것을 써야 하지요.

디자인을 해 달라고 의뢰한 사람 중에 그런 환자를 닮은 사람들이 있어요. "이 글자 좀 키워 주시고, 색깔은 빨간색으로 해 주세요"라는 식으로 스스로 진단과 처방을 내리는 경우예요. 그러면 디자이너로서 기분이 상하지요. "당신이 디자이너입니까? 내가 디자이너지!" 이렇게 화를 내는 디자이너도 있겠지요. 의뢰인과 겨루겠다는 건데, 그런 태도는 바람직하지 않아요.

의뢰인이 디자이너를 찾아왔을 때는 도움이 필요하기 때문이에요. 디자이너는 의뢰인이 뭘 필요로 하는지, 어떤 도움을 주어야 하는지를 찾아내야 해요. 의사가 환자를 진찰하는 것처럼 말이지요. 디자이너는 의뢰인이 A가 중요하다고 이야기하더라도, 과연 진짜 그런지 스스로 되물을 필요가 있어요. 의뢰인이 잘못 진단한 것일 수 있으니까요. 의뢰인의 얘기를 참고로 해서 진짜 문제가 무엇인지를 찾고, 그것이 의뢰인의 생각과 다르다면 의뢰인을 설득해야지요. 그런 다음 문제 해결 방법을 같이 찾는 것이 중요하다는 거예요. 얼핏 생각하면 멋지고 예쁘게, 싼 값에 해 주는 게 중요할 것 같지만 근본적으로 사용자를 배려하는 마음이 더 중요해요. 그렇게 생각하다 보면 정말 좋은 디자인이 나와요. 안경을 디자인하는 경우, 내가 좋아하는 스타일을 따르는 것보다는 이 안경을 어떤 사람이 쓸까 생각해야 좋은 디자인이 나와요. 사용자를 배려하는 마음이 디자인에서 가장 중요하다는 거죠.

● 대부분의 디자인 작업은 의뢰를 받아서 시작되나요?

대부분 그렇지요. 디자인 스튜디오는 누군가의 의뢰를 받아 일을 하고, 그 대가를 받아 운영하는 곳이에요.

그런데 누가 의뢰하지 않아도 디자이너 스스로 '이런 것을 만들어 보면 좋겠다'라는 생각을 할 수 있잖아요? 패션 디자인의 경우 주문을 받아 옷을 만드는 경우도 있고, 이번 시즌에는 이런 옷이 잘 팔리겠다고 예측을 해서 의뢰 없이도 스스로 기획해 쇼에 내보내기도 하지요. 그렇게 만든 옷이 쇼에서 잘 팔릴 수도 있지만, 때로는 보여 주는 데 그치고 말 수도 있어요.

내 생각에는 항상 의뢰받은 일만 하면 자기가 해 보고 싶은, 자기만의 일을 할 기회가 없으니까 그 두 가지를 적절히 안배하는 게 좋은 것 같아요. 전체가 10이라면 6~7 정도는 의뢰받은 일을 해서 먹고살 수 있는 기반을 마련하고, 나머지 3~4 정도는 자기가 투자해서 상품을 만드는, 자기만의 일을 하면 좋겠다는 생각을 가지고 있어요.

● 아이디어를 구체화하는 과정이 알고 싶어요.

디자인은 수학 방정식 문제를 푸는 것과 비슷해요. 방정식에는 몇 가지 변수가 있잖아요. 딱 맞는 변수의 값을 찾아내는 일이 디자인이에요. 즉, 디자인은 문제를 해결하는 일인데, 문제를 해결하기 전에 할 일이 있어요. 바로 문제를 찾아내는 일이에요.

디자이너의
머릿속에서는
무슨 일이 일어
나는지, 디자이너만
의 독특한 상상력과
커뮤니케이션 방식을 책
속에 담아내면 좋겠다는
아이디어로부터 시작된
자동차 디자이너 김성룡의
스케치 작품집 「Dream Design」.
스튜디오 바프 디자인.

예를 들어, 열네 살짜리 소녀들이 사용할 다이어리를 디자인해
달라는 의뢰를 받았다고 해 봐요. 그때 디자이너가 먼저 할 일은 열
네 살 소녀들이 무엇을 좋아하는지, 어떤 것에 관심을 두고 있고,
라이프스타일은 어떤지 알아보는 거예요. 다이어리에는 자기의 속
마음을 적기도 하고, 일정도 체크하고, 스크랩도 하고 그러잖아요.
그런 라이프스타일을 알아야 사용자, 그러니까 열네 살 소녀들이

편하게 쓸 수 있게 디자인을 할 수 있어요. 메모하는 페이지, 스크랩하는 페이지, 스티커 붙이는 공간 등을 쓸모 있게 배치하지요. 그리고 다이어리를 늘 가방에 넣고 다니는 사람들이 많으니까 가방에 넣기에 알맞은 사이즈가 얼마인지도 알아야 하고요. 이처럼 디자이너가 디자인을 할 때 가장 먼저 해야 할 일은 사용자를 연구하는 일이고, 그 과정을 통해서 해결해야 할 문제를 찾아내는 일이에요.

아까 디자이너가 의사와 닮은 점이 많다고 했는데, 한편으로는 배우 같기도 해요. 디자이너는 여러 역할을 오가며 일해요. 열네 살 소녀들을 위한 다이어리를 만든 뒤에는 여든 살 할머니가 쓸 안경을 만드는 일을 할 수도 있어요. 일이 바뀔 때마다 그때그때의 사용자를 이해해야 가장 알맞은 디자인을 할 수 있지요. 사람들을 이해해 보려 애쓰고, 그다음에는 어떻게 예쁘고 멋있게 만들지를 고민하는 거예요. 디자이너 자신의 취향을 따르는 것이 아니라, 내가 여든 살 할머니라면 어떤 색깔을 좋아할까 생각하며 감정이입을 해 보는 거예요. 마치 배우처럼 말이에요. 그러다 보면 뭐가 가장 좋을지 떠오를 거예요.

디자인은 방정식 문제를 푸는 것과 같다고 했지요? 내가 잘 몰랐던 변수들을 문제를 푸는 과정에서 알아낸다는 뜻이에요. 차근차근 논리적인 과정을 거쳐서. 디자인은 우리의 삶과 밀접하므로 사람들을 주의 깊게 관찰하고 마음을 읽어야 해요. 그다음에 사람들

의 감성적인 부분을 가지고 논리적으로 문제를 풀어 나가면서 멋있
게 만드는 것이지요.

● 디자이너로서 가장 보람을 느낄 때는 언제예요?

아까 귀를 고쳐 달라고 찾아온 환자를 두고 뇌에 문제가 있다고
진단한 의사 이야기를 했지요? 그와 비슷한 경우가 있었어요. 의뢰
인이 로고를 들고 와서, 색깔만 바꾸면 참 멋질 것 같으니까 색깔만
바꿔 달라고 하는 거예요. 하지만 내가 보기에는 색깔이 문제가 아
니라 다른 요소들이 문제였지요. 그럴 때 의뢰인의 말을 따르면 디
자이너 입장에서는 무척 쉬워요. 다른 요소들은 건드리지 않고 색
깔만 바꿔서 돈을 받으면 편하지요. 그런데 색깔이 문제가 아니고
다른 게 문제라고 말을 꺼내면, 그다음에 따라오는 일들이 많아요.
왜 다른 요소가 문제인지 의뢰인을 설득하고 조언하는 과정은 색깔
만 바꾸는 것보다 훨씬 복잡하지요.

그럴 때 디자이너로서 가장 중요한 것은 나의 의뢰인을 위해 무
엇이 가장 좋은 선택인가 생각해 보는 일입니다. 의뢰인에게 도움
이 되지 않을 일을 수락하여 진행하는 것도, 의뢰인이 공감하지 않
는 상황에서 일을 더 크게 벌이는 것도 의뢰인을 위해서는 좋은 선
택이 될 수 없을 겁니다. 그래서 나는 의뢰인을 설득하기로 마음을

먹었지요. 그때 나에게 그 일을 의뢰하러 왔던 사람은 큰 회사의 팀장이었어요. 회사 내부에서 색깔을 바꾸자고 의견을 모았고, 그것을 수행하기 위해 나를 찾아왔던 것이에요. 나는 회사 내부적으로 그런 결정을 했더라도 결과적으로 회사에 큰 손해를 입힐 수도 있다, 총체적인 문제가 해결될 때까지 그 문제는 잠시 보류하자고 설득했어요. 그리고 결국 받아들여졌지요. 지금도 나는 그때 나의 선택이 틀리지 않았다고 생각해요.

또 한번은 고도의 인쇄 기술을 전문으로 하는 인쇄 회사에서 홍보 브로슈어를 만들어 달라고 의뢰해 왔어요. 그 회사는 자기네가 갖고 있는 특별한 인쇄기로 구사할 수 있는 인쇄 기술을 해외에 팔고 싶어했어요. 인쇄 박람회에 가서 자기네 기술을 설명하고 싶은데, 기계 사진만 가지고 설명하는 건 잘 와 닿지 않잖아요. 그래서 브로슈어에 그 기계로 구현할 수 있는 다양한 인쇄 기술을 드러내는 디자인을 했지요. 인쇄 회사가 가장 잘할 수 있는 내용을 브로슈어에 직접 발휘하도록 한 거예요. 브로슈어는 매우 성공적이었고, 그 덕에 인쇄 회사는 새로운 일들을 많이 의뢰받을 수 있었지요.

회사 관계자 말이 브로슈어가 생각했던 것보다 훨씬 더 멋있게 나왔대요. 물론 칭찬으로 한 말이었겠지만, 그 말은 사실이 아니고 사실이어서도 안 되지요. 브로슈어는 멋있는데 그걸 보고 의뢰한 사람이 얻은 결과가 브로슈어와 다르다면, 그러니까 브로슈어상에

첨단 인쇄 시설로 뛰어난 인쇄 기법을 구현하는 태신인팩의 홍보 브로슈어. 홍보하려는 인쇄 기법을 브로슈어에 실제로 적용하여 만들었다. 스튜디오 바프 디자인.

서만 훨씬 더 멋지게 보이도록 표현된 것이라면 결과는 불을 보듯 뻔한 일이니까요. 디자인은 사실이 아닌 내용을 멋있게 포장하는 일이 아니라, 사실에 근거해 가장 매력적인 표현 방법을 제안하는 일이어야 합니다. 의뢰인들이 생각한 것보다 멋있게 표현을 하면서도 진실과 어긋나서는 절대 안 된다는 말입니다.

● 디자이너만이 느낄 수 있는 기쁨이 있다면 어떤 것인가요?

디자이너로서 나의 목적 가운데 하나는 디자인의 혜택이 돈 많은 사람들에게만 돌아가는 것이 아니라 일반 대중들에게도 돌아가 그들이 기쁨을 느끼고 새로운 경험을 하게 하는 것이에요. 나는 그게 굉장히 중요하다고 생각해요.

책 표지에 물방울이 맺혀 있는 것처럼 보이게 디자인한 적이 있어요. 사람들은 그걸 보고 물이 묻은 줄 알고 표지를 닦으려고 했다가, 그게 사실은 닦이지 않는 그림이라는 것을 알아채고 즐거워했지요. 누구나가 접할 수 있는 '책'이라는 매체였고, 비싸고 화려한 종이나 특이한 인쇄 기법이 아닌 아주 평범한 방법을 이용해서 사람들에게 기쁨을 줄 수 있다는 게 참 좋았어요.

나는 사람들이 내 디자인을 통해서 이전에 해 보지 않은 경험을 하고 즐거움을 누리면 좋겠어요. 오로지 디자이너만의 창의적인 감성과 발상으로 대중에게 새롭고 흥미로운 경험을 선사하는 것, 그것은 디자이너로서의 큰 기쁨이에요.

● 디자이너가 된 걸 후회하신 적은 없나요?

후회한 적은 한 번도 없어요. 그렇지만 헷갈린 적은 있죠.

디자인은 사람들의 삶을 더 낫게 변화시키는 일이잖아요. 그런데 이런 아이러니가 있어요. 디자이너는 의뢰인에게 디자인 시안을 제시해야 하는데, 그러려면 시안을 테스트해 보고 인쇄를 해 봐요. 그 과정에서 무수히 많은 쓰레기가 생겨요. 출력을 했는데 색깔이 마음에 안 들면 마음에 드는 색깔이 나올 때까지 여러 번 그 과정을 반복하기도 하지요. 마음에 드는 결과물이 나와 일이 성사되는 것은 좋지만, 그 과정에서 무수히 버려진 종이들을 보면 착잡해요. 이렇게 많은 쓰레기를 만들어 가면서 일을 하는 것이 과연 옳은가 하는 생각이 들어요.

서울 홍익대 주변에는 저녁때쯤 되면 무수히 많은 전단지가 뿌려져요. 새벽이 되면 그 전단지들이 모두 쓰레기가 돼서 쓰레기차에 실리지요. 다음날 저녁에 또다시 전단지들이 무수히 뿌려져요. 그러고 몇 시간 뒤 쓰레기차에 실리고. 이런 일이 매일매일 반복되지요. 그렇다면 이때 디자이너는 뭘 한 걸까요? 레이아웃을 만들고, 인쇄를 해서 전단지를 만든 것이 바로 디자이너잖아요. 그 디자이너가 한 일은 결국 대량의 쓰레기를 만든 것이지요. 이런 경험들을 하면서 디자이너가 과연 사람들로 하여금 멋진 경험을 하게 하고, 정보를 잘 전달하게 하는 역할을 하는 게 맞나 회의가 들 때도 있어요.

그러나 문제의식이 생겼을 때 그것을 개선하는 것도 디자이너의 역할이지요. 가령 쓰레기를 양산하지 않고 효율적으로 홍보할 수 있는 방법을 찾아볼 수 있어요. 종이 전단지 대신 이메일이나 웹사이트를 이용할 수도 있고요. 우리 주변에 초대장, 배달 주문 전단지가 참 많지만 대개는 곧장 쓰레기통으로 가잖아요. 디자이너는 그 것을 문자 메시지나 이메일 등으로 대체할 수 있는 방법을 의뢰인 에게 제안할 수 있겠지요. 예를 들어, 의뢰인이 화려한 초대장을 1,000장을 만들어 보내고 싶어해요. 그럴 때 50장만 종이 초대장으 로 만들어서 그것을 좋아할 만한 사람에게 보내고, 나머지는 이메 일로 보내는 게 어떻겠는가 하고 제안하는 거예요.

디자이너로서 좋은 점은 일에 대한 회의를 느끼면서도 그 문제 를 느끼는 순간 해결할 방법을 찾아낸다는 거예요. 그래서 디자이 너가 된 것을 후회하지 않아요. 계속해서 문제를 해결하는 일이 우 리가 하는 일이다 보니까 문제가 있다고 해서 괴로워하지 않고 또 다른 해결법을 찾는 거죠.

● 다시 태어나도 디자이너가 되고 싶으세요?

요즘에는 옛날보다 꽤 오래 살잖아요. 다시 태어날 수 있다는 가 정은 잘 안 해 봤고, 나이가 더 들어서 새로운 삶을 시작해 볼까 하 는 생각을 해 보죠.(웃음) 그렇지만 디자인과 전혀 관계없는 일을 해 보겠다는 생각은 없어요. 만일 제가 의사였다면 의사 말고 다른 걸 해 보겠다고 생각을 할 수 있을지 모르겠지만, 디자인은 삶의 모든 면과 접목할 수 있기 때문에 사실 디자인이 아닌 일이 거의 없다시

피 해요. 그러니 디자인이 아닌 일을 해 보고 싶다는 생각은 별로 없어요.

디자인에 더 집중해서 뭘 해 보고 싶다는 생각은 있어요. 지금 스튜디오를 만들어 일하고 있고 이것도 재미있지만, 너무 많은 일을 벌이는 것보다는 관심 있는 일 몇 가지에만 집중하고 싶어요. 그 중 하나는 그동안 쌓아온 디자이너로서의 경험을 책으로 기록하는 일이에요. 그 책을 멋지게 디자인하는 일까지 포함해서요. 디자이너로서 우리 문화의 가치를 찾아내고 새롭게 만들어 내는 일에 좀 더 깊숙이 관여하고 싶다는 바람도 있습니다.

_3_
디자이너의 하루가 궁금해요

● 선생님이 일하시는 회사는 어떤 곳인가요?

내가 일하는 곳은 회사라고 부르기보다는 스튜디오라고 표현하는 게 어울려요. 이름은 '스튜디오 바프(studio baf)'인데, beyond and further의 약자예요. 무엇을 더 넘어서, 무한하게 영역을 한정 짓지 않고 도전한다, 가능성을 열어 둔다는 뜻을 담았어요. 이름에 담긴 뜻처럼 "우리는 책을 만들어요" "웹사이트를 만들어요"라고 규정 짓지 않고 일해요. 그래서 책도 만들고, 웹사이트도 만들고, 로고·심볼·패키지도 만들어요. 실제로 다양한 영역의 디자인을 하고 있어요. 우리 스튜디오에서는 저를 포함해서 7명이 일하고 있어요.

● 디자이너들의 하루 일과를 소개해 주세요.

우리 회사의 디자이너들은 대략 9시 반경에 출근을 합니다. 큰 회사가 아닌 만큼 가급적이면 자율적인 스케줄 안에서 움직이지요. 조금 부럽나요?(웃음)

디자이너들은 각자가 맡은 프로젝트에 대하여 내용을 기획하고, 내부 의견을 수렴한 뒤, 의뢰인과 의견을 조율하는 등의 커뮤니케이션 업무를 담당하게 됩니다. 기획이 확정되면 실제 디자인 업무를 진행하는데요, 시안을 만들어 다시 의견을 조율하는 과정을 거쳐요. 최종 작업을 위해 필요한 외부 작가, 일러스트레이터, 사진가들과의 협업을 진행하는 것 역시 디자이너의 몫입니다. 디자인이 끝나면 이제 제작 단계에 들어가요. 이때 인쇄소 등 제작 업체와 커뮤니케이션을 하고 제작을 감리하는 것도 디자이너의 일이에요. 출근 후 하루 일과는 이와 같은 업무를 각자의 작업 단계에 따라 진행하는 일의 연속이에요. 중간중간 디렉터와 작업 내용을 상의하면서요.

나의 주요 업무는 디렉터 역할이지요. 여러 디자이너들이 자기가 작업한 것을 가지고 오면 그걸 보고 의논 대상이 되어 주는 거예요. 회사에서 이루어지는 모든 프로젝트의 진행 상황을 잘 헤아리고 있으면서 적절한 시점에 필요한 지원과 조언을 해 주고, 또 어려움에 부딪쳤을 때에는 문제 해결 방법을 제안해 줄 수 있어야 하지요. 그러다 보니 나의 일과는 회의에서 회의로, 회의의 연속이에요. 이때 회의가 길어지지 않도록 가급적 짧고도 정곡을 찌를 수 있는 시각과 안목을 지니는 것이 정말 중요합니다. 꼭 얼굴을 마주하고 회의를 하지 않을 수도 있어요. 웹하드나 이메일을 이용할 수도 있어요. 서로의 시간을 최대한 빼앗지 않도록 말이에요.

퇴근 시간은 6시지만 상황에 따라 퇴근이 늦어지기도 하고 야근을 하기도 합니다. 디자인 프로젝트는 짧게는 2~3주, 길게는 1년 가까이 진행되기 때문에 작업 일정을 어떻게 효율적으로 운영하는가가 매우 중요해요. 잘 계획하여 효율적으로 일을 하면 늘 야근해야 하는 건 아니에요.

● 여가 시간에는 뭐 하세요? 스트레스는 어떻게 해소하시는지요?

혼자만의 시간을 즐깁니다. 즐기는 방법은 마음이 하고 싶어하는 대로 그냥 내버려두는 거예요. 책을 읽거나 글을 쓰거나 청소를 하거나 산책을 나가거나 불쑥 친구를 만나거나 쇼핑을 하거나 또는 훌쩍 여행을 떠나거나…… 무엇을 하든 하지 않든, 누군가에게 머릿속 생각의 흐름을 방해받지 않고 내버려두는 시간을 보내는 것이지요. 혼자만의 시간 없이 사는 것은 숨을 충분히 깊게 쉬지 못한 채 사는 것처럼 힘이 들어요.

● 선생님은 책을 많이 디자인하셨던데, 책 이야기를 들려주세요.

책은 마치 사람과 같다는 생각을 해요. 사람이 그러하듯 책도 육체와 정신을 가지고 있지요. 생각도 있고 마음도 있어요. 책의 육체는 종이들의 묶음으로 이루어져 있지만, 그 안에 품고 있는 생각은 사람과 대화할 수도 있고 사람의 마음을 움직이게도 해요.

책이 탄생하기까지의 과정은 쉽지 않아요. 책 스스로가 "되었다!"라고 할 때에 이르러야만 책의 탄생이 가능한 게 아닐까 해요. 좀 어려운가요? 좀 더 쉽게 설명하자면 책과 관련한 사람들이 모두 불편한 마음 없이 생각을 일치시켰을 때라고 말할 수 있을 것 같네요.

사람이 동물과 다른 것은 여러 가지가 있지만, 그 가운데 하나가 공부라고 생각해요. 내가 살면서 깨달은 것, 알게 된 것이 있으면 그것을 남에게 전달하고 싶은 욕구를 품지요. 그것을 담은 결과물이 책이고요.

남에게 전달하려면 말과 글, 그림 따위의 의사소통 수단이 있어야 하는데, 의사소통 수단을 만드는 일도 디자인이에요. 말은 누가 최초로 디자인했는지 알 수가 없지만, 글자는 알 수 있는 경우가 종

종 있어요. 우리가 쓰는 한글처럼 말이에요.

그런 면에서 한글을 만든 세종대왕도 디자이너라고 할 수 있어요. 글자 모양을 예쁘고 세련되게 만들었다는 의미가 아니에요. 그보다 중요한 것은 자음과 모음을 만들고, 그것들을 조합해서 글자 체계를 완성했다는 데에 있어요. 모든 글자는 모양뿐만 아니라 각각의 법칙도 가지고 있어요. 글자에서 볼 수 있듯이, 사람이 공부하고 자기가 알게 된 것을 다른 사람과 나누는 데에도 많은 디자인이 들어가 있는 거예요.

● 북 디자인을 잘하시는 비결이 뭐예요?

디자인은 그것을 사용할 사람을 생각하면서 만드는 거예요. 그 사람이 필요로 하는 것, 마음, 생각, 소망, 습관, 꿈, 형편 들을 잘 헤아려서 디자인에 반영하는 것이 필요해요.

책 표지를 디자인할 때 내가 염두에 두는 몇 가지가 있어요. 그 중에 하나는 본문 내용과 어긋나지 않게 하는 거예요. 만약 어떤 디자이너가 책의 내용은 제대로 파악하지 못하고, 표지만 근사하게 만들었다고 해 봐요. 아무리 사람들의 시선을 끄는 표지라 할지라도 본문을 읽어 보니 표지와는 전혀 다른 내용이라면 사람들은 "뭐야, 낚였네!" 하면서 화를 내고 실망할 거예요. 그 책에 대해 신뢰하지도 않을 테고요. 속았다고 생각할 수도 있어요.

1980년대 중반 즈음 우리나라 책 표지들은 일대 혁명을 겪었지요. 책 표지 디자인이라는 것이 중요하다는 사실을 깨닫게 된 거예요. 표지 디자인이 예쁘면 책이 더 사고 싶어진다는 생각, 그러니까 표지 디자인이 좋아야 책이 잘 팔린다는 생각이 널리 퍼진 거죠. 하지만 디자이너가 책의 내용을 모두 파악하여 책 표지를 만든다는 생각이 부족했던 경우가 많았지요. 디자이너에게 책의 원고를 건네지 않은 상태에서 표지를 만들어 달라고 주문하기도 했고요. 디자이너 입장에서도 짧은 시간에 많은 일거리를 해결해야 하다 보니 일일이 원고를 읽을 수 없는 경우도 많았어요. 그 와중에 책의 내용과 거리가 있는 책 표지들이 종종 탄생하기도 했지요.

1990년대로 넘어와서는 표지 디자인에 과도하게 인쇄 기법을 사용하거나 장식을 하는 것이 유행하기도 했어요. 어떻게 하면 더 눈에 뜨이게 만들까 고민하다 보니 책 내용과는 관계없이 자극적인 디자인, 장식적인 디자인이 등장한 거지요.

북 디자인에서는 내용을 잘 파악한 뒤에 그에 합당한 표지를 만드는 것이 중요해요. 표지 역시 사용자를 위한 것이므로, 사용자가 이 책에 어떤 기대를 갖고 있는지를 헤아려서 끌어내는 것이 디자이너의 역할이에요. 사용자를 배려하지 않고 자기가 하고 싶은 대로만 만든다면 그것은 디자인으로서의 의미가 없어요.

● 북 디자인을 하실 때 가장 많이 쓰시는 색깔이 있다면?

내 얘기를 잘 안 들었구나!(웃음) 디자인은 내가 좋아하는 색깔로 하는 게 아니에요. 무슨 색깔이 왜 필요할까를 생각해서 주제에 맞는 색깔을 찾아내는 게 중요하지요. 내가 분홍색을 좋아한다고 해서 상대에게도 분홍색 옷을 입으라고 강요할 수는 없잖아요. 각자의 개성에 맞는 무엇을 찾아내는 것이 디자인이라고 했는데, 색깔에 있어서도 마찬가지예요. 디자이너의 역할은 그 책과 책 내용에 적절한 색깔을 찾아내는 것이지, 자기가 평소에 좋아하는 색깔을 쓰는 것이 아니에요.

● 아이디어를 내서 디자인이 완성되기까지의 과정을 자세하게 알려 주세요.

아이디어는 가만히 있는데 뿅 하고 튀어나오는 게 아니에요. 평소에 늘 사람들에게 관심을 갖고 관찰한다면 순간순간 느낀 것들이 내 몸 어딘가에 양분처럼 들어가 있을 거예요. 그러다가 새로운 디자인을 맡아서 일을 하게 되면 그 양분들이 몸 밖으로 빠져나오는 것이지요.

핸드폰 디자인을 하게 되었다면 요즘 사람들에게 핸드폰은 왜 필요하며, 이렇게 다양한 핸드폰이 있는데 왜 또 만들어야 할까 하는 질문을 던지는 것에서부터 디자인 행위가 시작되는 거예요. 핸드폰이 없었을 때는 전화를 어떻게 이용했을까 하는 데까지 생각이 미치기도 하지요. 예전에는 전화라면 으레 집에서 이용하는 것이었지요. 그런데 전화로는 사적인 말을 많이 주고받으니까 아무리 가족이라도 불편할 수가 있잖아요. 전화를 고정된 장소에서 벗어나 자유롭게 이동하면서 사용할 수 있다면 좋겠다, 하는 발상이 오늘날의 핸드폰을 만들어 낸 거지요.

디자인을 의뢰받으면 가장 먼저 '왜 그것을 의뢰했을까?'를 생각해 봐요. 의뢰인의 말을 무조건 믿을 것이 아니라, 디자이너가 세심히 들여다보면서 의뢰한 이유를 스스로 찾아내야 해요. 그러는 가

당시 아모레퍼시픽의 신규 화장품 브랜드 '이니스프리'의 런칭 행사를 위한 초대장과 홍보물. '정원'이라는 아이디어를 담아 '이니스프리의 정원'으로 초대한다는 설정으로 디자인했다. 스튜디오 바프 디자인.

운데 무엇을 해야 할지 정확히 파악하지요. 그런 단계를 거치지 않고 곧장 디자인을 한다면 그것은 사상누각과도 같아요. 즉, 우선은 이 일이 무엇을 필요로 하는가, 사용자는 무엇을 필요로 하는가 등을 조사하고 알아 나가야 하지요.

책을 예로 들면, 우선 내용을 열심히 읽어야지요. 그리고 이와 비슷한 종류의 책이 이미 나와 있는지, 표지가 비슷한 게 있는지 등을 조사하고, 의뢰인이 무엇을 원하는지를 정확하게 파악해야지요. 그런 뒤 내가 찾아낸 것이 의뢰인이 원하는 것과 맞는지를 확인하고 그에 대해 서로 동의를 해야 해요. 문제를 정확하게 결정하는 거예요.

필요충분조건을 결정하면 문제를 해결할 수 있는 방법을 찾아요. 디자인이 좋은 것은, 수학 문제에는 답이 한 가지밖에 없지만 디자인에는 여러 가지의 답이 있을 수 있다는 거예요. 우리가 녹차를 마실 때 꼭 특정한 컵에 따라 마셔야 하는 건 아니잖아요. 크기가 조금 작을 수도 있고, 검정색이거나 빨간색일 수도 있고, 손잡이가 있거나 없을 수도 있고…… 자기 취향에 맞게 다양한 답이 가능해요. 이처럼 디자인은 그 다양한 해결 방법들을 보여 주는 거예요. 스케치로 보여 줄 수도 있고, 모형을 만들어서 보여 줄 수도 있어요. 그런 과정을 통해서 의뢰인과 다시 의견을 나눠요.

그런데 간혹 디자이너 가운데에는 몇 가지 시안을 만들어서 의뢰인에게 보일 때 꽤 괜찮은 A안과 그보다 많이 처지는 B안을 내보이는 경우가 있어요. 그러면 안 돼요. 각각의 전략들은 서로 다른 것이어야지, 어느 한쪽은 틀린 것이어서는 안 된다는 거예요. '다르다'와 '틀리다'는 뜻이 다르다는 것 알지요? 서로 다른 것을 '틀리다'라고 말하는 언어 습관을 지적하는 말도 많이 하잖아요. 어쨌든, 디자인에 있어서 서로 다른 다양한 해결 방법이 있다는 것은 굉장한 장점이에요. 그래서 의뢰인은 몇 가지 제안 가운데 선택할 수 있지요.

그러나 항상 의뢰인이 흡족해하는 제안을 내놓을 수 있는 것은 아니에요. 그렇다면 무엇이 문제인지 의견을 다시 듣고, 잘못 알았거나 제대로 전달하지 못한 부분을 찾아 보완해야지요. 이것 역시 문제 찾기예요. 계속 문제 찾기 과정인 거예요.

그런데 대상과 소통을 잘하지 못하면 문제가 뭔지 정확히 몰라요. 그래서 디자인에서 굉장히 중요한 단어 중의 하나가 '소통'이에요. 일방적으로 보여 주고, 이해를 못 할 때 화낸다고 문제는 풀리지 않아요. 계속 소통을 해야지요. 그 과정을 약 세 번쯤 거쳐요. 처음에는 어떤 방법을 택할지를 정했다면, 그다음 단계에서는 색깔이나 크기, 질감 등을 세부적으로 정하지요. 아이디어 상태였던 것을 점점 구체적인 모양으로 만들어 가요.

디자인이 결정되면 다음에는 대량 생산 단계로 넘어가요. 그 단계에서도 소통이 필요해요. 책의 경우, 내가 일방적으로 종이를 선택해서 인쇄소에 가서 이렇게 찍어 달라고 요청하는 게 아니에요. 이 종이는 어떤 특성을 가지고 있는지, 의도를 잘 살릴 수 있는 인쇄 방법은 무엇인지 등등을 인쇄 전문가와 상의하고 테스트를 거쳐요. 원래 디자이너가 갖고 있던 생각에 가장 근접한 결과물을 얻기 위해 소통하는 거예요.

디자인의 영역이 무척 넓기 때문에 그 과정을 한 가지 방식으로만 설명하기는 힘들어요. 하지만 크게 보자면 문제를 찾아내고 문제를 해결하기 위한 매력적인 방법을 제안하고, 소통하는 단계를 거쳐서 의뢰인을 설득하고 그게 최종적으로 제작될 수 있도록 하는 과정은 대략 비슷해요.

● 하나의 완전한 상품이 나올 때까지는 보통 얼마나 걸려요?

천차만별이에요. 지금 우리가 하는 인터뷰도 하나의 상품, 책을 만드는 과정에 있잖아요? 책도 경우마다 달라서 몇 개월이 걸릴 수도, 몇 년이 걸릴 수도 있어요. 지금 이 순간에는 인터뷰를 하고 있지만, 인터뷰를 하기 전에는 누구와 어떻게 진행하면 좋을지 기획을 먼저 했겠지요. 그것을 시간으로 따지기는 어렵지만, 가령 한두 달이라고 칩시다. 오늘 한 생각이 내일 바뀔 수도 있기 때문에 생각이 스스로 숙성할 시간을 갖는 게 좋아요. 그러면서 그 생각이 과연 오래갈 수 있는 것인지 알아보는 거예요. 경험이 많고, 그 이전에 유사한 프로젝트가 있었다면 시간은 단축될 수 있겠지요.

그다음에 오늘처럼 인터뷰를 하고, 인터뷰 내용이 독자들에게 가치 있는 내용으로 다가갈 수 있도록 잘 정리해야겠죠. 문장도 읽기 좋게 다듬어야 하고요. 거기서 부족한 게 있다면 2차 인터뷰를 할 수도 있을 거예요. 그리고 이 책의 구성을 보면 알겠지만, 책과 영화 등 관련 정보를 준비하는 과정도 필요하죠. 짧게 잡아도 8개월은 걸리는 일이에요. 또 이 책은 시리즈 가운데 한 권이잖아요.

『궁금해요! 디자이너가 사는 세상』은 선례가 있으니까 좀 더 쉽게 진행하겠지만, 이 시리즈를 처음 만들기 시작했을 때는 시간이 더 많이 걸렸겠지요. 책은 한 번 출간되면 잘못되었다 해도 회수해서 돌이키기 쉽지 않고, 회수하더라도 몇 권쯤은 어딘가에서 썩지 않고 존재할 것이기 때문에 정말 신중하게 만들어야 해요.

원고가 다 마련됐다면 디자인을 해야 하는데, 글자 크기는 어떻게 할지, 페이지 구성은 어떻게 할지, 표지는 어떻게 할지 등을 결정하잖아요. 그런 과정도 아무리 짧아도 한 달은 걸리지요. 디자인 시안이 나오면 사람들의 의견을 수렴하고, 의뢰인과 몇 차례 소통을 거쳐 완성해요. 그리고 인쇄와 제본을 하지요. 서두르면 더 빨리 할 수 있을지도 모르지만, 나중에 책이 나왔을 때 후회되는 일이 없도록 충분히 시간을 가지고 하는 것이 좋지요.

_4_

디자이너에게 필요한 재능은 무엇인가요?

● 막연한 편견일 수도 있지만, 디자이너는 성격이 예민하고 감성
적일 것 같아요. 실제로 어떤가요?

디자이너의 성격, 당연히 예민하죠. 남들은 그냥 살면 되지만,
우리는 그 사람이 어떻게 살았는지 왜 그런지를 다 따져 봐야 하거
든요.

고등학교 때 나는 수학을 잘했어요. 수학 점수로 나머지 과목의
낮은 점수를 만회할 수 있을 만큼이었죠. 그런데 지금은 숫자와 관
계되는 일은 정말 못해요. 늘 틀리는 게 돈 계산이지요. 그런데 '논
리적인 사고'는 고등학교 때보다 훨씬 더 치밀해졌어요. 디자이너

라는 직업을 갖게 된 뒤로 창의적인 생각과 논리적인 사고라는 두 가지 축이 늘 함께 움직이게 되는데, 어릴 적에 공부했던 수학이 디자이너가 된 지금, 나의 논리적 사고에 이렇게 큰 힘이 되어 줄 줄은 몰랐습니다. 비록 돈 계산은 만날 틀리지만요.(웃음) 수학이란 결국 숫자를 다루는 학문이 아니라 논리력을 키우는 학문이란 걸 이제야 몸소 깨닫게 된 거지요.

성격이 예민하고 감성적이라는 것만으로 디자이너가 되는 것은 아니니, 나의 성격이 아무쪼록 창의력과 설득력을 두루 갖춘 조화로운 성격으로 변화해 가기를 바라지요.

● 좋은 디자이너가 되려면 평소에 어떤 훈련을 해야 하나요?

좋은 디자이너가 되려면 평소에도 내 주변의 삶을 깊은 관심을 갖고 관찰해야 해요. 왜냐면 디자이너는 더 나은 삶을 누릴 수 있게 만드는 사람이니까. 그러니 삶이 뭔지를 알아야겠지요. 아주 소소한 것들까지 말예요.

그래서 나는 전철을 타면 가만히 사람들을 봐요. 내 앞자리에 다양한 사람들이 쭉 앉아 있으니, 전철은 사람을 관찰하기 아주 좋은 공간이에요. 음악을 듣는 모습, 그들이 나누는 대화, 앉아 있는 자세 등등을 살펴봐요. 아무래도 패션에 눈이 많이 가는데, 요새는 컬러 감각이 뛰어난 사람이 참 많아요. 요즘 속옷을 밖으로 보이게들 많이 입잖아요? 보면 하나하나가 예사롭지 않아요. 안에 입은 파란색 끈과 겉옷의 색깔이 잘 어울리는구나, 어깨에 멘 커다란 백의 색깔도 참 멋지다, 이렇게 감탄하는 경우가 참 많아요. 그러면서 현재의 유행을 알 수 있어요.

유행하는 것을 자기 삶에 반영시킬 때 어떤 사람은 그대로 따라서 사 입기도 하지만, 어떤 사람은 그걸 응용해서 자기 체형에 더 잘 어울리게 입기도 하지요. 그런 사람을 보면 참 멋지다, 아름답다는 생각을 해요. 그리고 그런 사람들이 많을수록 디자인 환경이 좋아진다고 생각해요. 무조건 비싼 명품만 좇는 게 아니라, 자기 삶에 어울리게 활용하는 사람이 많을수록 디자이너들이 설득할 게 줄어들지요. 그런 점에서 디자이너는 요즘 사람들이 어떤가를 평소에 관찰하는 게 참 중요해요.

● 그런데 유행은 누가 만드는 건가요? 같이 모여서 의논하는 것도 아닌데, 어떻게 같은 생각을 할 수 있는 거죠?

유행이란 사람들한테 영향력을 끼칠 수 있는 어떤 기관이나 단체에 의해서 만들어지기도 하고, 사람들에게 큰 반향을 일으키는 주류에 의해 만들어지기도 해요. 전자의 경우는 여러 분야의 전문가들이 모여 사회 전반에 걸친 현상을 주도면밀하게 조사하여 앞으로 유행할 방향을 유추하여 제안합니다. 패션의 경우, 과거의 경향을 살펴보니 내년쯤에는 이런 스타일이 유행할 것이며 사회 전반적인 분위기를 봤을 때 이러이러한 색상이 유행할 것이라는 전망을 해마다 내놓아요. 그러면 관련 업계 종사자들은 이와 같은 전망을 참고하여 새로운 제품을 내놓지요. 그런가 하면 재능과 시대적 감각을 고루 갖춘 어떤 디자이너의 작품이 사람들의 시선을 한 몸에 받게 된다면 그것이 유행을 주도하기도 합니다.

● 디자이너에게는 일반인과 다른 특별함이 있나요?

디자이너가 일반 사람들과 다른 점이 있다면 좀 더 편리한 삶, 좀 더 멋있는 삶에 유난히 관심이 많다는 점입니다. 일반 사람들은 '아, 불편하다' '아, 지루하다' 하고 생각만 할 뿐이지만 디자이너는 그것을 개선하기 위해 적극적인 연구와 노력을 통하여 해결책을 제안하지요. 물론 기기에 필요한 깊은 관심과 재능을 가지고 있기 때문에 가능한 거겠지요.

하지만 꼭 디자이너만이 디자인을 하는 건 아니에요. 무슨 이야기냐면, 꼭 전문적인 교육을 받아야만 디자인을 할 수 있는 건 아니라는 뜻이지요. 디자인은 사람들의 일상 속에서 일어나는 다양한

일들에 관여하는 일인 만큼, 일상의 주인공인 대중들 가운데도 어떤 문제를 발견했을 때 어떤 방식으로든 개선하면서 살아가는 이들이 많을 거라는 말입니다.

그런 예들은 주변에서 많이 찾아볼 수 있어요. 도시에서는 주차 공간이 비좁으니까, '주차 금지'를 표시해 놓는 곳이 많아요. 주차 금지를 표현하는 방법을 유심히 들여다보면 참 다양하고 재미있어요. 다리가 부서진 의자를 갖다 놓기도 하고, 플라스틱 통을 반으로 잘라 모래를 담아서 두기도 하지요. 그러면 '주차 금지'라고 써 있지 않아도 사람들은 거기에 주차를 하면 안 되는구나 하고 생각해요. 어떤 문제를 해결하는 일이 디자인이라고 했으니, 의자나 플라스틱 통을 갖다 놓는 것도 디자인의 일종이지요. 디자인이라는 게 그런 거예요. 일반 사람들도 생활 속에서 디자인을 하는데, 솜씨 좋게 멋지게 하지 않더라도 재미있을 수는 있죠. 나름대로 아이디어를 내서요.

노벨 경제학상을 수상한 허버트 사이먼(Herbert Simon)이라는 미국의 사회학자는 이렇게 말했어요.

"현존하는 상황을 더 선호하는 상황으로 바꾸기 위한 일련의 행동을 고안해 내는 사람이라면 누구든지 디자인한다."

미국의 사회학자이자 경영학자인 허버트 사이먼(1916~2001).

이 말은 전문가가 필요 없다는 얘기가 아니라, 사람들은 자기에게 필요한 것이 있으면 손 놓고 가만히 있는 게 아니라 어떻게든 방법을 마련해서 해결하려 한다는 거예요. 그것이 사람의 본능이고, 디자인하는 행위이지요. 그리고 이와 같은 일에 좀 더 적극적인 관심을 가진 사람들이라면 디자인을 제대로 한번 공부해 보고 싶을 것이고, 결국 많은 사람들의 삶에 기여하는 멋진 디자이너가 되겠지요.

● 디자이너는 창조적인 아이디어가 많아야 할 것 같아요. 혹시 아이디어가 안 떠오를 때 다른 사람의 것을 베낀 경험 있으세요?

많지. 아니, 베꼈다기보다는 다르게 말해야 할 것 같아요. 하늘 아래에는 무수히 많은 생각이 존재해요. 인류의 역사 속에서 훌륭한 사람도 많았고 멋진 아이디어도 많았지요. 우리는 어떤 경로를 통해서든 그 영향을 받게 됩니다. 하늘 아래 나만의 독창적인 것은 어쩌면 불가능한 것일지도 몰라요. 하지만 누군가의 영향을 받은 어떤 생각도 또다른 대상에게 또다른 시각으로 접목을 하면 그것이 새로운 아이디어가 되기도 합니다. 그러니까 같은 대상을 두고 이렇게 볼 수도 있고 저렇게 볼 수도 있다는 다른 시각을 갖는 것이 중요해요. 기존의 것들을 조합해서 새로운 것을 만들어 내는 것도 중요하고요. 즉, 아이디어는 다른 관점이에요. 지금 내가 쓰고 있는 이 안경을 눈에만 써야 한다고 생각했는데 다른 데 써 보면 그것도 가능하지요. 그러면 새로운 아이디어가 되는 거예요. 똑같은 물건을 다른 용도로 쓴다는 것 자체가 아이디어예요.

여러분은 아직 말랑말랑하고 유연한 스펀지 같아서 다양한 분야를 접하고 공부하며 그것들을 흡수하잖아요. 물론 나도 그러기는 하지만, 나의 전문 분야로 들어오면 나도 모르게 강박관념이 생겨요. 예를 들어 새로운 아이디어를 활용해 디자인한 책을 봤다고 해 봐요. 만일 그 아이디어가 내가 평소에 생각해 온 것과 비슷한 거라면 이럴 때 난감한 거예요. 안 봤다면 부담스러운 느낌을 가질 것도 없고 그것을 피해 가지는 않을 텐데, 이미 봐 버렸으니 그 아이디어는 피해 가야겠다는 생각이 강하게 드는 거예요.

그래서 나는 공부를 할 때 나와 같은 분야의 사람들이 무엇을 디자인했는지 보지 않아요. 그보다는 문학, 미래학, 테크놀로지, 뮤지컬, 영화, 공연 같은 걸 보면서 공부하는 걸 좋아하지요. 그런 것들은 나의 전문 분야가 아니기 때문에 아이디어를 베낄 수 있다는 걱정 없이 마냥 좋다고 느껴도 괜찮아요. 그리고 그 내용들이 내 몸 안에 들어와 양분으로 저장되어 있다가 필요할 때 쓰일 거라고 생각해요. 그래서 내가 새로운 아이디어를 내지 못하면 어쩌나 하는 걱정도 할 것 없고, 내가 떠올린 것을 이미 다른 사람이 했다고 실망할 것도 없어요. 그저 나는 나만의 방법으로 계속해서 공부를 하는 거죠.

- 디자이너가 되려면 그림을 잘 그려야 하나요? 기능적인 부분이 부족해도 디자이너로 일할 수 있을까요?

솔이는 만화를 좋아하고, 특히 뽀로로를 좋아한다고 그랬지? 만화가가 되려면 그리는 것뿐 아니라 그 캐릭터가 어떤 성격을 갖고 어떤 식으로 살면서 어떤 역할을 했으면 좋겠다까지 기획해야 해요. 기획에 따라 캐릭터의 키가 클 수도 있고 작을 수도 있고, 통통할 수도 있고 마를 수도 있는 것이지요. 그다음에는 그것을 그려야 하는데, 직접 그릴 수도 있고 아니면 그 생각을 잘 표현해 줄 수 있는 화가를 찾아서 협업을 할 수도 있어요. 그게 디자인 기획자가 하는 일 중의 하나이기도 해요.

가령 뽀로로가 등장하는 CF를 만든다고 해 보자. 그때 그림은 뽀로로를 그린 사람을 찾아가서 그려 달라고 할 테고, 음악이 필요하면 기존에 있는 음악 가운데 어울리는 게 있으면 그것을 쓰고 아니면 누군가에게 그런 느낌의 음악을 만들어 달라고 의뢰하겠지요. 즉, 직접 그리거나 작곡하지 않아도 거기에 맞는 사람들과 함께 일하며 광고를 만들어 갈 수 있어요. 오케스트라 지휘자가 직접 연주하지 않더라도 연주자들을 끌어 모아 멋진 음악을 선보일 수 있듯이 말이야. 디자이너의 역할이 그런 거예요. 솔이가 만화 그리는 것에 관심이 있다면 만화를 그리는 사람이 되면 되는 거고, 만화를 잘 그리지는 못하지만 그것을 기본으로 뭘 만드는 데 관심이 있으면 그것을 디자인하는 기획자가 되면 돼요. 광고 기획자가 될 수도 있고 뮤직비디오를 만들 수도 있고 어린이를 위한 교육 애니메이션을 만들 수도 있지요.

디자인의 영역은 무척 넓어요. 요즘 가수 박진영은 자신을 사운드 디자이너라고 그러잖아. 디자인이라는 건 요리, 음악, 만화 등 모든 영역으로 확장될 수 있어요. 그 모든 것을 아우를 수 있는 단어가 디자인이라는 게 점점 사람들에게 인식되고 있어요.

'아름다운 가게'라고 들어 봤어요? 쓰던 물건, 헌옷 따위를 기증 받아 다른 사람이 싸게 살 수 있도록 하는 곳이에요. 그런 개념이 굉장히 멋지지 않아? 예쁜 옷을 계속 사고 싶은데 안 입는 옷은 옷장에 가득 차 있고…… 그러면 죄의식이 들지요. 그런데 안 입는 옷을 아름다운 가게에 갖고 가면 그것을 잘 손질해서 다른 사람들이 싼 가격에 살 수 있게끔 해요. 그렇게 모은 돈으로 사회에 좋은 일을 하는 것이지요. 박원순 변호사가 그 일을 기획했어요. 나는 그분이 사회를 디자인하는 사람이라고 생각해요. 사회 구성원들이 어떤 형식으로 살면 좋을지 고민해 삶의 방식을 디자인하는 것이죠. 본인도 스스로 사회 디자이너라고 말씀하세요. 그것을 보더라도 디자인이라는 말이 그렇게 확장될 수 있어요.

디자이너가 되기 위해 필요한 것이 단순히 '그림을 잘 그리는 일'은 아닐 거예요. 그것보다는 무엇을 그릴 것이냐, 어떻게 그릴 것이냐에 관심을 가져야 할 겁니다. 무엇을 그릴 것이냐는 다시 말해 어떤 분야의 디자이너가 되고 싶은지를 생각해 보는 것이지요. 그 분야의 특성에 따라 그림의 형태를 통한 묘사력이 매우 중요할 수도 있고, 글이나 그 밖의 형태를 통한 묘사력이 더 중요할 수도 있어요. 그러니 디자이너가 되려면 무조건 그림을 잘 그려야 한다는 생각은 고정관념이에요.

_5_
디자이너가 되는 길을 알려 주세요

● 선생님은 어떤 계기로 디자이너가 되기로 결심하셨나요?

　아주 어렸을 때의 꿈은 피아니스트가 되는 거였어요. 그런데 중고등학교 시절에는 의사로 바뀌었지요. 제 오빠와 남동생이 어렸을 때 아파서 죽었는데, 그 영향을 받은 거예요. 그래서 학교에서도 쭉 이과 공부를 했어요. 영어와 수학은 좋아했지만, 불행히도 화학, 역사 등 외울 게 많은 과목은 다 싫어했어요.

　미술 쪽으로 진로를 정해야겠다는 생각은 없었어요. 미술대회에 나가서 상을 탄 적은 있지만, 천부적인 재능이 있다고까지는 할 수 없었지요. 그런데 돌이켜 보면, 초등학교 때 선생님이 예술 중학교에 가라는 말을 했어요. 그때는 뜬금없다고 생각하고, 그냥 일반 중학교에 들어갔지만. 또 어려서 뜨개질이나 만드는 것을 굉장히 좋아했어요. 그러다가 아까 말했듯이 고등학교 때는 의사가 되겠다는 생각이 강했지요. 고3이 되어 진로 선택을 해야 하는데, 내가 가고 싶은 의대에 갈 만한 성적에는 못 미쳤어요. 그래서 다른 과를 생각해 보았고, 어릴 때 예술에 소질이 있다는 말을 들은 게 생각났지요. 고등학교 3학년 2학기부터 그림을 시작했는데, 재능이 있었는지 금세 배웠어요.

그러면서도 순수예술을 해서 예술가가 되고 싶은 생각은 없었어요. 디자인은 대중이 뭘 필요로 하는지, 사람들의 삶을 어떻게 개선할 수 있는지 생각해야 해요. 그런데 예술은 달라요. 미술관에 가 보면 전시품 앞에 "작품에 손대지 마시오"라고 씌어 있잖아요. 나는 그게 싫었어요. 배타적이잖아요. 작품에 손을 댈 수 있어야지. 그래서 예술가가 되겠다는 생각은 안 하고 디자이너가 되겠다는 생각을 했어요. 의사가 아니면 디자이너가 되겠다고 마음을 먹은 거에요. 의사와 디자이너가 아주 다른 것 같지만, 생각해 보면 공통분모를 찾을 수 있어요. 둘 다 상대방의 마음을 헤아려야 하고, 거기서 기쁨을 느낀다는 것이 같지요. 그렇게 해서 미술대학에 진학했지요.

그런데 대학에 들어온 뒤로 성향이 극도로 달라졌어요. 의사가 되고 싶다는 꿈이 있을 때는 수학을 굉장히 잘했는데, 대학에 들어

와서는 방정식을 어떻게 푸는지도 까맣게 잊어버렸으니까요. 그럼에도 불구하고 수학을 통해서 논리적인 사고를 할 수 있는 힘을 키웠다고 생각해요. 디자이너는 논리적이어야 해요. 디자이너는 문제를 찾아내고 해결하고 남한테 설득한다고 했는데, 그러려면 논리를 가지고 설득해야 하거든요. 내가 설득해야 하는 상대가 지적인 경우도 있지만, 그렇지 않은 사람도 있어요. 그러니 누구나 알아들을 수 있는 아주 상식적인 수준에서 설득해야 하고, 그러려면 논리적인 사고를 해야 돼요. 나는 진로가 바뀌면서 숫자 감각이 떨어지고 외우는 것을 점점 싫어하게 되었지만, 내용을 논리적으로 집요하게 파악하고 그것을 전환하는 부분은 그 전과 후가 다르지 않다고 봐요.

● 고등학교 3학년 때 갑자기 진로를 바꾸신 건데, 부모님의 반대
  는 없었어요?

의사에 대한 꿈은 나도, 부모님도 어떤 환상을 가지고 접근했던
것 같아요. 많은 사람들이 변호사, 의사 등에 대한 환상이 있잖아
요. 의사가 된다는 것이 나에게 환상이었나는 것을 고3 때 깨달은
거예요. 부모님하고는 소통이 잘되는 편이라 큰 갈등은 없었어요.
나는 내 딸과도 굉장히 소통을 잘하는데요, 그런 소통의 능력이 내
가 디자이너로 일하는 데 큰 도움이 된다고 생각해요.

그런데 재미있는 건, 지금의 나는 드라마에서 피가 나오는 장면
을 보는 것도 극도로 싫어해요. 내가 만약에 의사가 되었다면 그걸
어떻게 감당했을까 싶어요. 내 형제의 죽음을 목격한 뒤로 의사가
되겠다고 결심했으니, 지극히 감정에 치우친 결정이었지요. 그 환
상에서 벗어나서 실질적으로 내가 잘할 수 있는 일, 즐겁게 할 수
있는 일을 찾은 것은 행운이었다고 생각해요. 의사가 아니라면 무
엇이 될지에 대한 답을 찾지 못했을 수도 있잖아요.

나는 내가 가르치는 대학교 1학년 학생들한테 수업 첫 시간에 물
어봐요. "너희는 꿈이 뭐니?"라고요. 그러면 다들 무척 당황해요.
자기가 원하는 학교에 들어왔으니까 이제 다 이루었다고 생각했는

데, 그런 물음을 던지니까 혼란스러운 것이지요. 그런 다음에 학생들에게 이렇게 얘기해요. "대학에 들어오는 게 너희 인생의 목표가 될 수는 없어!" 대학이 인생의 목표였으니 원하는 학교에 들어와 놓고도 자기가 뭐가 되고 싶어하는지 몰라 혼란을 느끼고, 그때부터 고통이 시작돼요. 스스로 뭘 원하는지에 대한 답이 없는 거예요. 그게 진짜 고통스러워요. 정작 중요한 꿈은 한 번도 생각을 해 보지 못했으니, 대학 4년을 다니면서 혼란을 겪는 학생들이 굉장히 많아요. 대부분의 경우는 앞으로의 진로에 대해 매우 혼란스러워하고, 20~30퍼센트의 학생만이 자신의 미래에 대해 구체적인 생각과 계획을 가지고 있는 것 같아요.

● 무엇을 기준으로 진로를 결정해야 할까요?

진로를 정할 때 가장 중요한 기준은 '내가 좋아하는 일인가?'예요. 좋아하는 일을 찾으면 재미있기 때문에 열심히 하고, 열심히 하면 당연히 잘하게 돼요. 그러다 보면 내가 행복해질 테고, 그것이 성공이지요. 사람들이 말하는 성공의 척도에 집착할 필요는 없어요. 최소한 자기 앞가림을 할 수 있을 정도의 경제적인 기반을 이루고, 남한테 폐 끼치지 않는 선이면 된다고 생각해요.

디자인의 분야는 매우 다양해요. 사회가 변화할수록 과거와는 달리 분야 간의 경계가 모호해지고 새로운 형태의 디자인이 속속 생겨나게 될 거예요. 지금은 상상할 수도 없는 다양한 일이 벌어지게 될 테지요. 여러분 각자의 관심사에 따라 새로운 형태의 디자인 분야를 만들어 갈 수도 있을 거예요. 자신의 꿈이 무엇인지 끝없이 스스로와 대화하며 그 꿈이 이끄는 대로 걸어가 보라고 말하고 싶습니다.

● 일찍부터 진로를 결정하는 게 좋을까요, 아니면 좀 더 다양한 경험을 해 본 뒤 결정하는 게 좋을까요?

너무 일찍부터 계획할 필요는 없다고 생각해요. 디자인뿐만이 아니라 다른 분야도 마찬가지가 아닐까요? 무슨 일을 할 때 마음속에서 "이거야!"라고 외치는 느낌이 들 때가 있잖아요. 진로와 관련해서 그런 것이 아직 없다면 좀 흘러가 보세요. 어차피 디자인이라는 건 우리가 일상에서 경험하는 것들과 동떨어진 특수한 분야가 아니잖아요. 의식주를 비롯한 삶의 모든 분야가 디자인의 대상이니까요. 경험을 쌓다 보면 마음속에서 소리가 들릴 때가 올 수도 있지요.

● 디자인에는 다양한 분야가 있다고 하셨는데, 자기에게 맞는 분

야를 어떻게 찾을 수 있을까요?

디자인은 명사가 아니에요. '디자인을 하다'가 아니라 '무엇을 디자인하다'라고 표현해야지요. 목적어가 있는 동사로, 디자인이라는 말 자체에는 정해진 무엇이 없어요. 디자인은 삶을 살아가는 방법론이므로 스스로 길을 찾아야지요. 자기 관심사가 제품이라면 제품 디자이너가 되면 좋을 테고, 사회에 관심이 많다면 그 영역에서 디자이너로서의 역할을 찾아가면 돼요.

영어에 '인터랙트(interact)'라는 단어가 있어요. 서로 만나서 교류하고 부딪치는 것을 가리키지요. 지금 우리가 만나는 것도 인터랙트에 속하지요. 자기가 관심 있는 분야의 대상을 만나서 교류하는 건 참 좋은 거예요. 자석이 철을 빨아들이듯이 자기에게 필요한 것을 강하게 흡수할 수 있지요. 전시를 보고, 상점에 가서 물건들을 살펴보는 중에도 인터랙트가 진행돼요. 어려서부터 신발 디자인에 관심을 가지고 봐 온 사람과 그러지 않았던 사람이 신발 디자이너가 되었다면, 그들의 차이는 굉장히 크겠죠.

● 디자이너가 되고 싶은데, 디자인 학원에 다니는 것이 큰 도움이 될까요?

　아니요, 난 학원은 절대로 다니지 않는 게 좋다고 생각해요. 그 이유는 '디자인이 무엇인가'에 대해 오늘 내가 한 이야기 속에 다 있어요.(웃음)

　현실적으로 거의 모든 학생들이 대학 입시를 위해서 학원에 다니는데, 궁극적으로는 입시 위주의 교육이 좋은 디자이너를 기를 수 없고, 잘못된 방식이라고 생각해요. 물론 학원을 다니면 기초적인 조형 연습을 할 수 있고, 전혀 무의미하다고 생각하진 않아요. 그러나 한편으로는 학원 교육이 오히려 좋은 디자이너가 될 가능성을 차단할 수 있어서 길게 봤을 때는 폐해가 더 크지요. 나뿐만이 아니라 많은 사람들이 그렇게 생각해요. 그래서 홍익대 디자인학과에서도 2013년부터는 그림 실기 시험 없이 신입생을 선발하겠다는 새로운 계획을 발표했잖아요. 대학에서도 실기 시험만으로 디자인과의 학생을 선발하는 것이 잘못된 방법이라 인식을 한 것이지요. 실기 그 자체가 필요 없다는 것이라기보다는 입시용으로 습득된 그림만으로는 디자인 공부를 대변할 수 없다는 것, 그림 이전에 생각할 수 있는 능력이 훨씬 더 중요하다는 것, 그림을 넘어선 조화로운 관심사와 실력이 필요하다는 말이 되겠지요. 그런데 그동안은 거두절미하고 실기를 잘해야 대학에 갈 수 있다는 식으로 이해하여 학원들은 대학이 원하는 기준에 맞춰서 학생들을 지도하고, 그러다 보니 학생들의 가능성이 너무 일찍부터 틀에 갇혀버리게 되고…… 그것이 잘못되었다는 거예요.

여러분이 대학에 갈 때쯤에는 또 그때의 입시 전형 방법을 따라야겠지만, 기본적으로는 디자인에 대해서 설명할 수 있고 새로운 아이디어를 가지고 있고, 자기의 디자인에 대해 논리적으로 설명할 수 있으면 돼요. 그림을 그릴 때 꼭 따라야 하는 절대적인 기준이 있는 것은 아니잖아요. 그보다는 생각할 줄 아는 게 중요해요. 생각을 하면 누구나 그것을 그림을 그려서든 조형물을 만들어서든 표현할 수 있어요.

● 유명한 디자이너들을 보면 유학을 다녀온 분들이 많던데, 유학을 꼭 가야 하나요?

그 질문에 답하려면 유학을 가는 목적이 무언인가부터 생각해야지요. 예전과 지금은 많이 달라요. 과거에는 국내에서 많은 것을 보고 배울 기회가 상대적으로 적었어요. 다른 나라에서 무슨 일이 일어나고 무엇을 배우는지 알려면 그 나라에 가야 했지요. 그런데 요즘에는 컴퓨터로도 굉장히 많은 교류가 일어나죠? 세계가 훨씬 좁아졌고, 굳이 외국에 가지 않아도 배울 수 있는 길이 많아졌어요. 그리고 또 한 가지는, 우리나라가 이제는 상당한 수준에 올라섰다는 점이에요. 경제적으로도 발전했고, IT 기술, 스포츠 등등 여러 면에서 우리나라는 선진국에 가까워졌어요.

유학은 꼭 가야 한다거나, 갈 필요가 없다고 말할 문제가 아니에요. 자기가 하고 싶은 공부가 있는데 국내 여건에서는 한계가 있는 경우에 가는 것이 유학이에요. 만약 더 많은 것을 경험하기 위해서 간다고 한다면, 이렇게 말할 수 있겠네요. 과거에는 국내에서 경험할 기회가 적었지만, 이제는 굉장히 수월하게 경험할 수 있으므로 꼭 가야 하는 것은 아니라고요. 그렇지만 가고 싶으면 갈 수도 있다는 것이지요.

하지만 유학이 성공의 필요 요건은 절대로 아니에요. 내가 학교 다닐 때 가장 싫었던 말은 "우리나라가 선진국과 어깨를 겨루며"라는 말이었어요. 어깨를 겨룬다고 무슨 일이 일어나는 것도 아닌데,

열등감 때문에 그런 말을 많이 했던 거예요. 지금은 시대가 바뀌어서 우리나라 환경이 굉장히 좋아졌어요. 우리나라가 G20 정상 회의의 개최국이 되었다는 점만 보더라도 알 수 있지요.

중요한 건 자신의 꿈이 무엇인지, 그 꿈을 이루기 위해서 어떤 길을 가야 할 것인지 생각하고 그에 맞는 해결 방법을 찾는 거예요. 그 방법은 기성품처럼 정해진 것이 아니에요. 각자의 꿈이 다 다르기 때문에 자기 꿈에 맞는 방법을 찾아 나가고, 자기 꿈에 맞는 길을 디자인해야지요. 유학이 목적이 아니라, 무슨 꿈을 가지고 어떻게 이룰 것인가가 중요해요.

● 디자이너들끼리 전공이나 학력을 따지기도 하나요? 그에 따른 차별 같은 게 있어요?

음, 그건 어느 분야에서나 있을 수 있지요. 어느 사람의 능력을 가늠할 때 모든 것을 일일이 시험해 볼 수는 없잖아요. 영문과를 나왔다고 하면 그 사람을 시험해 보지 않고도 웬만큼 영어를 잘하겠다고 생각들을 하지요. 같은 영문과라 하더라도 영문과가 우수하다고 소문난 학교 출신이라면 더 인정해 주는 것이 있고요. 그런 기준은 어느 사회에나 있을 거예요. 매번 자신의 능력을 직접 보여 주면서 설명할 수 없으니까 객관적인 요건을 갖춘다면 쉽게 인정받을 수 있지요.

그렇지만 아무리 학력이 좋더라도 실력이 없으면 다 소용없어요. 유학을 마치고 국내로 돌아온 학생들이 취업을 문의하는 메일을 종종 보내는데, 이 친구가 유학 가서 어느 정도 실력을 쌓았는지 메일만 읽고도 알아챌 수 있어요. 정말로 유학하며 배운 것을 바탕으로 뭘 해 보고 싶은 건지, 아니면 아직도 자기가 뭘 잘하는지가 분명하지 않은지 판별할 수 있어요.

직원을 뽑을 때도 우리 회사는 학교를 안 봐요. 나는 출신 학교가 어디인가보다는 그 사람 자체가 중요한 것 같아요. 학교에서 다 준비해 준 것 같은 판에 박힌 듯한 포트폴리오에는 관심이 없어요. 아까도 얘기했듯이 디자인은 한 가지 정답만 있는 것이 아니고, 다양한 답이 나올 수 있어요. "그래서 너는 어떻게 다르니?"라는 질문에 대답을 할 수 있어야 해요. 자기가 어떻게 다른지 자신만의 가치를 설명할 수 있어야 하지요.

● 디자이너 사회에서 남녀 치벌이 있나요?

디자인은 남녀 차별 문제와 가장 거리가 먼 동네라고 생각해요. 화장품 관련 디자인을 한다고 해 봐요. 여자는 늘 화장품을 쓰니까 많은 아이디어가 있을 거예요. 그런데 다르게 생각해 보면 늘 쓰고 있기 때문에 지나치는 부분이 많고, 그것을 남자가 새로운 시각으로 찾아낼 수도 있겠지요. 남자와 여자가 서로 다른 가치를 지닌 디자인을 할 수 있는 거예요.

같은 여자 디자이너라 해도 자라 온 환경, 경험, 문화 등은 저마다 달라요. 나는 딸 셋인 집안의 맏이로 자랐어요. 그렇게 부잣집도, 그렇게 가난한 집도 아니었고, 셋방살이를 해 본 적도 있고, 아버지가 사업에 실패한 적도 있지요. 이런저런 경험을 하며 살아온 것 자체가 나의 큰 재산이라고 생각해요.

남자와 여자는 다른 경험을 하며 살아가지요. 서로 다르다는 건 상호 보완할 수 있는 가치라고 생각해요. 참고로, 디자이너 가운데에는 여자가 굉장히 많아요.(웃음)

_6_

미래의 디자이너는 어떤 모습일까요?

● 미래에는 어떤 흐름의 디자인이 큰 힘을 발휘할까요?

우리 회사에서 인턴을 하고 있는 친구가 들려준 이야기예요. 이
친구가 미국에서 고등학교를 다녔는데, 학교에서 학생들에게 하루
동안 홈리스처럼 밖에서 생활하게 했대요. 잠도 밖에서 한뎃잠을
자고, 치킨누들수프 같은 열악한 배급 음식을 먹으면서 홈리스의
삶을 경험하는 것이었지요. 그러면서 홈리스들에게 무엇이 필요한
가를 생각하게 하는 거예요. 그리고 자기들이 하루에 학교에서 먹
는 급식비만큼 기부를 했다고 하더라고요. 이처럼 상대의 처지를
몸소 경험해 보면 그들에게 가장 필요한 게 뭔지 찾아내서 그것을

디자인에 적용해 볼 수 있어요.

그래서 요즘 디자인에서 가장 큰 이슈 중의 하나는 '유니버설 디자인'이에요. 이것은 차별을 두지 않는 디자인, 노인이나 어린이, 장애인 같은 약자를 위한 디자인이지요. 약자들의 마음이 상하지 않도록 배려하는 것까지 포함하는 배려의 디자인이라고 할 수 있어요.

앞으로는 디자인의 가치나 덕목이 변화할 거예요. 쓸데없는 것이나 쓰레기를 만들어 내지 않고 꼭 필요한 것을 만드는 것이 디자인의 가장 중요한 덕목으로 자리 잡을 거예요. 지금 이미 그렇게 되고 있기도 하고. 과거에는 예쁘고 멋있는 것에만 주목했다면, 이제는 모두가 공평하게 누릴 수 있는 디자인이라는 이슈가 필요충분조건이 되는 시대가 될 거예요. 수현이나 솔이도 그런 점에 훨씬 더 관심을 갖게 될 거고요. 자기 미래가 가치 있는 일에 기여했으면 좋겠다고 생각하는 거죠. 그래서 새로운 세대는 단순히 회사에 가서 일하는 것보다는 사회에 기여하는 일에 훨씬 더 많은 관심을 쏟을 거예요. 그런 관점으로 보자면, 디자인을 할 때 훨씬 더 남들을 생각하고 함께 공감하고 환경에도 좋은 방향으로 갈 수 있겠

세계 3대 디자인 어워드
(reddot, IDEA, iF)의 로고.

지요. 세계적으로 유명한 디자인 상으로 이프 어워드(IF: International Forum Award)나 이데아(IDEA: International Design Excellence Award), 레드 닷 디자인 어워드(Reddot Design Award), 인덱스 어워드(INDEX Award) 같은 것들이 있어요. 그 상들이 비중 있게 관심 갖는 분야가 바로 유니버설 디자인이에요.

● 유니버설 디자인에 대해 좀 더 구체적으로 설명해 주세요.

　가위를 예로 들어 볼게요. 세련되고 성능 좋은 가위들이 속속 출시되어 나오지만 모두 오른손잡이를 전제로 만들어진 가위예요. 왼손잡이용 가위는 전혀 없어요. 유니버설 디자인을 고민하는 사람이라면 왼손잡이를 위한 가위도 디자인해야겠다는 생각을 하게 되고, 그러다가 왼손잡이도 오른손잡이도 모두 편리하게 쓸 수 있는 가위는 왜 없을까 하는 생각에 이르겠지요.

　또 버스 계단을 보면 계단이 너무 높아 어린이나 노인이 사용하기에는 불편한 점이 많아요. 그것을 발견하고는 남녀노소가 모두 편안히 사용할 수 있는 방법은 없을까를 고민한 결과, 계단을 없애고 도로면과 같은 높이의 바닥면을 지닌 버스를 디자인하게 되었어요. 거리의 계단도 마찬가지예요. 비장애인들의 입장에서는 계단 한두 개가 아무런 문제가 되지 않지만 휠체어를 이용해야 하는 장애인들의 입장에서는 너무도 극복하기가 어려운 것이 바로 계단입니다. 이때 계단을 없애고 모두가 경사면을 이용하도록 한다면 어떨까요? 장애인과 비장애인 모두 차별 없이 공평하고 편안하게 이용할 수 있겠지요.

아까 홈리스 이야기가 나왔으니 그쪽으로 재미난 아이디어들을 더 이야기해 볼까요? 얼마 전에 아이티에 강진이 일어나서 난민들이 생겼지요? 그런 경우 하늘에서 헬기로 구호물자를 뿌리는데, 구호물자 가운데 펼치면 바로 집이 되는 게 있다면 얼마나 좋을까요? 또 도시의 홈리스들을 위해서는 이런 생각도 해 볼 수 있어요. 겨울에 큰 건물에서 난방을 하면 밖으로 뿜어져 나가는 열기가 있어요. 그걸 지금은 그냥 버리고 있지만, 거기에 긴 풍선 튜브 같은 것을 장착해서 온기가 나오게 하고 그 끝에 홈리스들이 이용할 수 있는 쉼터를 만드는 거예요. 그러면 일단 홈리스들이 따뜻하게 지낼 수 있잖아요. 또는 손수레 어때요? 요즘 홈리스들을 보면 쇼핑 카트에 물건을 넣어서 끌고 다니는 사람들이 있는데, 그걸 디자인하는 거예요. 낮에는 물건을 넣고 끌고 다니는 손수레로 쓰다가 저녁에는 펼쳐서 잠자리로 만드는 거예요. 우리가 홈리스한테 지저분하니까 저리로 가, 아니면 공공시설로 들어가라 하는데, 그런 공공시설에 들어가서 자유를 구속받기 싫어하는 사람들이 꽤 많거든요. 그 생각을 존중하면서 그들의 상황 안에서 최대한으로 살 수 있게 만드는 디자인을 고민하는 것이지요.

디자인이란 모두가 편안히 사용할 수 있어야 하는데, 이때 몸만 편해진다고 모든 것이 해결되는 것은 아니란 걸 꼭 염두에 두어야 합니다. 마음도 불편하지 않아야 하지요. 왼손잡이나 노약자나 장애인을 구별하여 별도의 방법을 마련한다면, 차별당한다는 불편한 감정이 발생할 수 있다는 점까지 헤아릴 수 있어야 해요. 그래야 진정한 행복, 진정한 만족감을 선사하는 디자인이 될 수 있기 때문입니다.

디자인의 근본적인 취지가 그렇다는 것을 이해했으면 좋겠어요. 각자가 자기 재능대로, 가령 어떤 사람은 홈리스에게 쉼터를 만들어 주는 데 관심을 가지며, 어떤 사람은 음식의 부피를 줄여서 등산할 때 편하게 가져갈 수 있도록 하는 데 관심을 가질 수도 있고, 어떤 사람은 빨래를 덜 해도 되는 옷을 만드는 데 관심을 가질 수도 있고…… 뜻을 둔 것에 자기가 할 수 있는 방법으로 다양하게 디자인을 할 수 있겠다, 포괄적으로 이해하자면 이런 관점으로 보면 좋겠습니다. 그 안에서 스스로 원하는 길을 찾아가면 좋겠어요.

● 사회가 점점 급속하게 변해 가는데, 미래에 디자이너는 어떤 역할을 할 수 있을까요?

사실은 그게 가장 중요하기 때문에 인터뷰를 하며 이 책을 만드는 거라고 생각해요.

디자이너로서의 경력이 어느 정도 되는 위치에 있다 보니까, 후배들이 디자인이라는 걸 잘하려면 어떻게 해야 하는지 제대로 이해했으면 좋겠다는 생각이 커요. 그래서 아까도 강조했던 것 중의 하나가 디자인은 예쁘게 꾸미는 것이 다가 아니라는 것이었지요. 예쁘게 꾸미는 것도 중요하지만 그게 전부가 아니에요. 어떻게 설득력 있게 전달할 것인가, 그것이 정말로 중요하다는 것을 디자이너를 꿈꾸는 친구들이 알게끔 돕는 것이야말로 내가 선배 디자이너로서 이 책을 통해서 해 줄 수 있는 역할이라고 생각해요. 정확한 개념을 가지고 있어야 훨씬 더 좋은 디자인을 할 수 있고요.

아주 어린 나이부터 그런 생각을 시작해야 해요. 유럽에 가 보면 디자인이 자연스럽게 사람들의 삶 안에 배어 있는 점이 참 부러워요. 어른은 물론이거니와 꼬마들도 마찬가지예요. 왜 디자인이 그들에게 자연스럽게 몸에 뱄느냐를 보면 삶을 소중히 여기기 때문인 듯해요. 우왕좌왕 함부로 살지 않고, 더 규모 있고 효율적으로 살고 싶고, 더 멋있고 더 가치 있게 살고 싶은 욕망이 있기 때문에 그런 것 같아요. 그 욕망을 구현하는 방법을 체계적으로 잘 알면 누구나 그렇게 할 거예요. 그런데 잘 모르기 때문에 어떤 사람은 돈으로 물건을 마구 사서 쌓아 두거나 집을 멋지게 지으면서 행복하게 살 수 있는 길을 찾는 거죠.

밥을 예로 들어 볼게요. 한 끼를 먹더라도 적당한 양을 깔끔하게 차려 먹으면 기분이 좋고 행복하지요. 반면에 양이 너무 많아서 괴로운 때도 있고, 반찬들이 조화가 안 돼서 불편한 상황도 있잖아요. 그걸 정확하게 맞추려면 삶이 전체적으로 조화로워야 해요. 아침 식사와 점심 식사 사이에 군것질을 하지 않고 조절하는 것 같은 일이지요. 그것은 어릴 적부터 교육을 받아야 해요. 그러므로 디자인을 멋있게 하는 문제 이전에 효율적인 삶이란 뭘까, 삶의 가치란 뭘까, 어떻게 규모 있게 살 수 있을까를 가르쳐 주는 게 참 중요하다고 생각해요. 그건 부모의 역할이기도 하겠죠.

그래서 그런 내용을 가지고 책이나 프로젝트 같은 것을 해 보면 어떨까 생각해요. 디자인은 진로의 문제 이전에 삶의 방식이거든요. 그런 삶의 방식에 대해서 잘 이해한다면 누구나 규모 있게 살고, 질서나 공공의 문제 같은 것도 자연스럽게 해결될 거라고 봐요.

이건 내 개인적인 상상인데, 미래에 디자이너의 역할은 더 이상 새로운 물건을 만들어 내는 일 같은 게 아닐 것 같아요. 지구 환경 문제가 그 어떤 문제보다도 우선일 미래에는 새로운 물건을 만드는 일을 최소화하고, 대신 어떻게 하면 기존에 쌓여 있는 물건들을 멋지게 활용하여 사람들에게 행복을 줄 수 있을지를 연구하는 일에 디자이너의 재능이 좀 더 많이 필요해질 것 같아요. 또 '물건'을 대상으로 한 디자인보다는 행복한 삶을 누릴 수 있게 하는 다양한 '생각'들을 대상으로 한 디자인 행위가 더욱 늘어날 거예요.

'내 삶을 멋지게
디자인하는 나' 되기

연현중학교 3학년 김수현

　나는 평소 연습장에 옷이나 머리 등을 디자인해 보는 취미가 있다. 어릴 적부터 꿈꾸어 왔던 꿈 중의 하나도 디자이너다. 하지만 내 주위에는 디자인 관련 직업에 종사하고 계신 분이 없기 때문에, 지금까지 디자이너는 멀게만 느껴지는 꿈의 직업이었다. 그런데 2009년 겨울, 디자이너 선생님을 직접 만나서 이야기할 기회가 왔다. 처음에는 '뭘 묻지?' 하는 생각이 수없이 떠오르면서 가슴이 두근거렸다. 인터뷰가 며칠 앞으로 다가왔을 때, 나는 이번 기회에 궁금한 것들은 싹 다 물어보고 확실한 답변을 들어서 보람찬 인터뷰로 만들자고 다짐했다.

　솔이랑 함께 인터뷰하러 간 곳은 이나미 선생님께서 직접 아이디어를 만들어 내고 작업하시는 스튜디오였다. 스튜디오는 겉에서 보면 2층으로 된 전형적인 가정집 같았는데, 안으로 들어가 보니 집 구조를 변형하여 사무실로 꾸며 놓았다. 선생님의 방은 2층에 있었다. 2층으로 올라가는 계단을 밟으면서 '디자이너의 사무실은 역시 독특하구나' 하고 생각했다. 실내 장식, 소품 하나하나가 개성 있고 멋졌다.

드라마나 영화에서 봐 온 디자이너들은 냉정하고 빈틈없는 이미지였는데, 이나미 선생님의 첫인상은 푸근하고 친근한 느낌이었다. 긴장감이 사라지는 것과 동시에 인터뷰를 편하게 할 수 있겠다는 자신감마저 생겼다. 인터뷰가 시작되자 선생님께서는 매우 자연스럽게 이야기를 이끌어 가시며 편안한 분위기를 만들어 주셨다. 나는 이 기회를 놓치지 않고 평소 디자이너들에 관해 궁금했던 것들을 질문했고, 하나하나 구체적인 답변을 들을 수 있었다.

이나미 선생님은 디자인이란 삶을 더욱 값지게 하는 것임을 여러 가지 사례와 비유를 통해 설명해 주셨다. 디자인이라는 것이 내가 생각했던 것보다 훨씬 광범위한 일이라는 것을 알 수 있었다. 디자인이 우리가 살아가는 데 매우 많은 영향을 끼치며, 우리 생활의 필수 요소인 의식주의 모든 곳에 디자인이라는 고리가 연결되어 있음도 깨달았다. 한편, 디자이너가 되기 위해 필요한 것이 멋지게 꾸미는 재능만은 아니라는 중요한 사실을 알게 되었다. 더 나은 삶을 위해 필요한 것을 만들어 낼 수 있는 독창성, 내가 만든 디자인을 과연 실용적으로 사용할 수 있을지 사전에 확인해 보는 꼼꼼함 등을 갖추어야 하는 것이다.

디자인에는 헤어 디자인, 제품 디자인, 의상 디자인 등등 여러 가지 분야가 있다. 이나미 선생님은 각각의 분야에서 만들어 내는 것은 다르지만 공통점도 있다고 말씀하셨다. 모두가 쓸 사람을 생각하면서 정성스럽게 만들며, 만들기 전이나 만들고 난 후나 항상 잘 쓰이는지, 불편한 점은 없는지, 만족도가 높은지 관심을 둔다는 것이다. 디자이너는 물건을 디자인할 뿐만 아니라 넓게 보면 세상을 디자인하는 것이다. 전에도 디자이너란 직업을 매우 재미있고 독특하다고 생각했지만, 인터뷰를 하면 할수록 색다른 매력이 있음을 알 수 있었다.

선생님의 이야기를 듣다 보니 2시간 30분이라는 시간이 눈 깜짝할 새에 지나갔다. 인터뷰를 마치고 돌아오는 길에 내 머릿속에서는 많은 생각들이 교차했다. 무엇보다 '디자이너로 살아가는 삶은 참 행복하겠다!'는 생각이 상렬했다.

이날은 내게 잊을 수 없는 하루였다. 짧다면 짧은 시간이었지만, 나의 꿈을 향해 한 걸음 다가가는 데 매우 큰 힘이 되어 준 시간이었다. 그동안 멀게만 느껴졌던 디자인이 더 가깝게 느껴졌다. 나의 질문 하나하나에 정성껏 답해 주신 이나미 선생님께 다시 한번 감

사드린다. 앞으로 나는 내 삶을 멋지게 디자인하는 사람이 되기 위
해 하루하루 더욱 더 노력할 것이다.

나는 '아직' 꿈이 없다

용현여자중학교 2학년 한솔이

사람들이 내게 종종 물었다.

"너는 꿈이 뭐니?"

그러면 나는 이렇게 대답했다.

"저는 꿈이 너무 많아서 아직 한 가지로 정하지 못했어요."

이렇게 말하면서도 늘 가슴 한구석이 찝찝했다. 아직까지 난 왜 이렇게 꿈이 많을까? 어쩌면 지금까지 내가 사람들에게 자신 있게 말해 왔던 꿈들은 '진정한 꿈'이 아니라 '막연한 바람'은 아닐까?

그전에는 미래에 대해 깊이 생각하지 못하다가, 중학교 2학년에 접어들어서 나의 꿈, 나의 미래를 조금씩 곰곰이 생각하게 되었다. 그러다 보니 지금까지 말해 왔던 수많은 바람들이 오히려 걸림돌이

된다는 것을 느꼈다. 그것들 가운데 무엇을 꿈으로 삼아야 할지 몰랐기 때문이다. 이렇게 갈팡질팡하던 나에게 한 줄기 빛이 보이기 시작한 것은 작년 여름방학 즈음이었다.

2009년 여름, 나는 엄마의 권유로 창비 드림캠프에 참가했다. 거기에서 막연하기만 했던 내 꿈에 대해 좀 더 구체적이고 진지하게 생각하는 기회를 얻었으며, 자신감도 갖게 되었다. 드림캠프에서는 여러 가지 직업을 접하고 배울 수 있었는데, 특히 디자이너란 직업은 나의 많은 바람들 중의 하나였기 때문에 디자이너 선생님의 얘기를 더욱 열심히 귀 담아 들었다. 그러고 나서 나에게 엄청나게 커다란 행운이 찾아왔다! 내가 직접 디자이너 선생님을 만나 인터뷰할 수 있게 된 것이다. 처음에는 떨리고 두려웠지만 선생님께 질문을 드리는 나의 모습을 상상하며 조금씩 인터뷰 준비를 해 갔다.

인터뷰 당일, 나와 수현 언니는 이나미 선생님이 일하시는 사무실로 직접 찾아갔다. 그곳은 생각한 것보다 훨씬 더 멋진 곳이어서 위축되는 느낌이 들기도 했다. 처음에는 긴장해서 말도 제대로 못 건넸는데, 선생님께서 우리를 마치 오랫동안 알았던 친구처럼 대해 주셔서 점차 편안하게 인터뷰를 할 수 있었다. 이나미 선생님을 직접 뵙기 전까지는 디자이너라면 다 무뚝뚝하고 차가울 거라고 상상했다. 하지만 이야기를 나누다 보니 그런 이미지는 사라져 버렸다. 선생님은 재밌고 활발한 분이셨다.

인터뷰 내용 가운데 '좋은 디자인'에 대한 이야기가 기억에 많이 남는다. 나는 디자인이란 내가 원하는 걸 아름답고 멋지게 만들어 내는 것, 사람들의 시선을 끌어 더 많은 제품을 사도록 만드는 것이라고 생각해 왔다. 그런데 선생님은 좋은 디자인이란 사람들이 편안하게 쓸 수 있는 실용성과, 눈이 즐거운 아름다움이 조화롭게 어우러진 것이라고 말씀하셨다.

또 하나 인상적인 것은 내가 제일 궁금했던 것을 물었을 때였다. 나는 요즘 나나 또래 친구들이 교복을 고쳐 입는 것에 대해 어떻게 생각하시는지 여쭤 보았다. 그랬더니 선생님은 개성에 맞게 입는 게 좋다고 긍정적인 대답을 해 주셨다. 기분이 정말 좋았다. '무엇이 예쁜 것인가'를 잘 생각해 봐야 한다고 생각할 거리를 만들어 주시긴 했지만 말이다.

인터뷰를 끝낸 뒤에 선생님은 나와 수현 언니와 함께 기념 사진을 찍자고 하셨다. 선생님이 여러 가지 포즈를 잡으셔서 나도 당당하게 포즈를 잡았다. 그런 뒤에 선생님이 직접 쓰신 『나의 디자인 이야기』라는 책 한 권을 선물로 받았다. 하신 일들이 정말 많아서 무척 놀랐고, 이처럼 유명한 분을 인터뷰했다는 게 영광이었다. 인터뷰하는 중간 무렵부터 내리기 시작한 눈은 마칠 때까지도 그치지 않았다. 창문 밖으로 내리는 눈을 바라보며 이야기를 나눴던 그 시간을 한동안 잊지 못할 것 같다.

지금도 나에게 확실한 꿈은 없다. 하지만 이제는 다른 사람들이 "넌 꿈이 뭐니?"라고 물어본다면 당당하게 얘기할 수 있을 것 같다. "저는 아직 꿈이 없어요."라고. 왜냐고? 내 꿈은 '아직' 없는 거니까.

| 2 부 |

디자이너가 들려주는 디자인 이야기

_1_
우리는 디자인의 영역 속에 산다

　"무슨 일을 하세요?"라고 누군가 물으면 나는 늘 잠시 망설입니다. "디자이너입니다"라는 대답만으로 그 사람의 질문에 충분한 답이 될 것 같지 않기 때문입니다. 그렇다고 자세하게 영역을 구분하여 "커뮤니케이션 디자인을 합니다"라고 대답하면 더 이해하기 어려울 것 같아 "그래픽 디자인을 해요"라고 대답할까 했다가도, 한 번 더 망설이고 그냥 "책 표지 같은 거 만들어요"라고 말하면 그제야 상대방은 좀 알겠다는 표정을 지으며 "요즘엔 정말 책 표지들이 잘 나오더라고요"라며 고개를 끄덕입니다. 아직도 좀 이해가 부족하게 느껴지는 경우에는 "출판사를 하시나 봐요?"라고 다시 질문을 해 옵니다. 그러면 "출판사는 아니고요, 출판사의 의뢰를 받아

책 표지를 디자인해 드립니다"라는 정도로 대답을 마무리합니다.

이것으로 상대방은 대략 내가 무슨 일을 하는지 알겠다는 생각이 들지 모르지만, 나는 여전히 내가 하는 일을 정확히 설명하지 못했다는 데 대한 답답함과 아쉬움이 남습니다. 사회가 발달하면서 생겨나는 여러 직업들 중에는 내용을 정확히 설명하거나 이해하는 일이 쉽지 않은 분야들이 있는데, 디자인이 그 가운데 하나가 아닐까 합니다. 그만큼 디자인에는 너무도 다양한 분야가 있고, 대중의 입장에서 그 분야를 세부적으로 구분하여 이해하기에는 많은 어려움이 있습니다.

설명하기도, 이해하기도 쉽지 않은 것이 디자인이지만, 사실 디자인은 아침에 일어나서부터 밤에 다시 잠들 때까지 우리 삶의 곳곳에서 발견할 수 있습니다. 그래서 우리 삶의 주변에는 어떤 디자인들이 있을까 살펴보면서 다양한 디자인의 세계를 설명하고자 합니다.

디자인을 입다—패션 디자인

모두가 잘 알고 있다시피 '입는 일'과 관련된 디자인은 '의상 디자인' 또는 '패션 디자인(Fashion Design)'입니다. 앙드레 김처럼 우리에게 잘 알려진 분이 계시므로 패션 디자인은 디자인의 여러 분야 가운데에서도 가장 일찍, 가장 널리 알려진 분야 같습니다. 늘 하얀

색 옷을 고집하여 입는 그분을 보면 뭔가 독특하고 튀는 모습이 남다른 데가 있는데, 무비 스타들이 그분의 화려한 옷을 입고 패션쇼에 출연하는 모습을 보면 부럽게 느껴지기도 합니다. 저렇게 멋진 사람들과 매일 만나며 그들을 위해 멋진 옷을 만들어 줄 수 있다니, 디자이너란 정말 멋지고 화려하고 동경할 만한 직업이라는 생각이 드는 겁니다.

그러나 패션 디자이너기 무비 스타들을 위한 화려한 옷만 만드는 것은 아닙니다. 다양한 목적, 다양한 취향, 다양한 체형, 다양한 연령에 맞추어 사람들이 좀 더 편하고 멋스러운 옷을 선택할 수 있도록 옷의 구조와 색상과 천의 질감, 합리적인 가격 등을 연구하는 일이 바로 패션 디자인이기 때문입니다. '옷이 날개'라는 말처럼 옷을 통해 우리의 몸과 마음에 날개를 달아 두둥실 날아오를 수 있게 해 주는 것, 옷을 통하여 우리 삶을 한층 더 멋스럽게 만들어 주는 일이 바로 패션 디자인입니다.

디자인에서 살다―공간 디자인

멋진 옷을 입으면 자연스레 그에 맞는 멋진 주거 공간에서 살고 싶은 마음이 생깁니다. 살아가는 공간을 어떻게 더 멋지고 쾌적하게 만들까 연구하는 디자인을 '공간 디자인' 또는 '인테리어 디자인(Interior Design)'이라고 합니다.

몇 년 전 형편이 어려운 가정을 선정하여 열악한 집안 환경을 개선해 주는 텔레비전 프로그램이 인기를 끌었습니다. 그 프로그램을 통하여 '인테리어 디자이너'라는 전문 직업이 널리 알려지게 되었습니다. 시청자들은 인테리어 디자이너의 손을 거치면 집 안 구석구석이 놀라울 정도로 달라지는 것을 목격했습니다. 쓸모없는 자투리 공간을 합쳐 커튼을 치는 것만으로 '내 방'이 생겨나서 독립된 공간을 즐길 수 있구나, 너저분하게 쌓여 있던 옷이나 책 들을 정리하는 수납공간이 생기면 집 안 분위기가 놀라울 만큼 쾌적해지는구나 하는 것을 느꼈습니다. 그러면서 인테리어 디자이너가 제안하는 다양한 공간 활용 방법에도 주목하게 되었습니다. 밤이나 낮이나 방 한가운데를 독차지해 온 침대를 들어내고 요와 이불을 사용하거나, 비좁은 주방 공간을 꽉 채우는 입식 식탁과 의자들을 없애는 대신 거실에 낮은 상을 두어 식탁 겸 차탁으로 사용하면 공간을 훨씬 효율적으로 이용할 수 있다는 것도 배웠습니다. 이처럼 삶의 습관에 변화를 주어 더 나은 방향으로 이끄는 것도 디자이너가 하는 중요한 일에 포함됩니다.

디자인을 쓰다—제품 디자인

멋진 옷을 입고, 멋진 집에 산다면 그다음에는 일상 속에서 사용하는 물건들에 대한 욕구가 생길 것입니다. 최근 핸드폰이 생활필

수품으로 떠오르면서 나만의 취향과 필요에 꼭 맞는 핸드폰 디자인에 대한 관심도 커졌습니다. 모양과 색상은 물론 기능에 있어서도 나의 '라이프스타일'에 꼭 맞는 핸드폰을 선택하는 일이 무척 중요해졌습니다. 요즘의 핸드폰은 전화기인 동시에 MP3 플레이어와 성능 좋은 디지털카메라 기능도 완벽히 소화해야 합니다. 기능이 많다고 크거나 무거워서는 안 되며, 배터리 지속 시간도 길어야 합니다. 어디 그뿐인가요? 나만의 개성을 표현해 줄 수 있는 멋진 이름도 가지고 있어야 합니다. 초콜릿, 블랙베리, 와인, 롤리팝 등 새콤달콤한 감각의 단어들이 핸드폰의 이름으로 사용됩니다. 핸드폰은 사람들의 감각을 충족해 주는 패션 아이템 역할도 너끈히 소화해야 하니까요.

이런 디자인은 누가 하는 걸까요? 바로 '제품 디자이너'가 합니다. 카메라, MP3 플레이어, 라디오, 컴퓨터 등은 물론 청소기, 전기밥솥, 커피 메이커, 면도기, 헤어드라이어 등 우리 삶에 사용되는 모든 물건들의 기능과 모양을 개선하는 디자인을 '제품 디자인' 또는 '프로덕트 디자인(Product Design)'이라고 합니다. 사람들은 물건 하나를 고를 때 매우 까다로운 시선으로 살펴봅니다. 용도와 가격은 물론 디자인도 중요한 요소입니다. 이렇듯 사람들의 기대에 부응하는 제품을 디자인하려면 모양이나 기능을 비롯해 수많은 조건들에 대해 고민해야 합니다.

디자인을 타다—운송 기기 디자인

아이가 고사리 같은 손가락으로 지나가는 자동차를 하나하나 가리키며 쏘나타, 프라이드, 모닝, 싼타페 등등 이름을 곧잘 맞추는 것을 보면 신동 같은 눈썰미에 감탄하게 됩니다. 아이의 눈에도 디자인의 차이가 구분되어 보이는 모양입니다. 자동차 역시 자동차만을 전문으로 하는 디자이너가 있습니다. 승용차, SUV 차량, 트럭, 오토바이, 자전거 등 탈것만을 전문으로 하는 디자인을 '운송 기기 디자인' 또는 '트랜스포테이션 디자인(Transportation Design)'이라고 합니다.

자동차 디자인은 멋있어야 하는 것도 당연하지만 효율적이어야 합니다. 자동차의 외관 디자인을 결정하는 날렵한 실루엣은 단지 멋스럽게 보이려고 만든 게 아니라, 바람의 저항을 최소화하는 원칙을 준수하는 가운데 탄생됩니다. 그래야 빨리 달릴 수 있고 연료 소모를 최소화할 수 있기 때문입니다. 물고기의 몸이 유선형으로 생겨 물의 저항을 최소화해 물속에서 빠르게 헤엄쳐 다닐 수 있는 것과 같은 이치입니다. 또 자동차 디자인은 안전해야 합니다. 자동차의 원활한 작동을 위하여 기계 구조를 방해하지 않는 한도 내에서 멋을 추구해야 합니다. 백미러, 사이드미러 등 군더더기처럼 보이는 것일지라도 모두 약속된 자리에 약속된 크기로 달려 있어야 안전 운행을 할 수 있습니다. 그리고 기기들의 길이, 넓이, 높이, 모양, 위치 등이 모두 운전자의 신체 조건에 맞게 편안하게 되어 있어야 위급한 상황에 적절하게 대처할 수 있습니다. 그러면서도 겉으로는 날렵한 한 마리의 야생 동물을 보듯, 미래형 첨단 로봇을 연상하듯, 신뢰할 수 있는 든든한 동반자를 떠올리듯 사람의 마음을 움직이는 감성이 스며들어 있어야 합니다. 이런 멋진 자동차를 탄생시키기 위해 디자이너들은 연구를 게을리하지 않습니다.

디자인으로 소통하다─커뮤니케이션 디자인

이른 아침 집 앞에 배달된 신문을 펼쳐 들면 각종 기사와 광고들을 접하게 되는데, 이 역시 디자이너의 손을 거쳐 탄생합니다. 기사의 내용이 잘 읽히고 전달하고자 하는 목적에 맞도록 글자의 모양과 크기를 선택하고, 사진과 그림, 도표 등 다양한 이미지들과의 조화를 고려하여 화면을 조리 있게 구성하는 일은 '편집 디자인' 또는 '에디토리얼 디자인(Editorial Design)'이라고 합니다. 신문을 디자인하는 일이니 '신문 디자인'이라고 부를 수도 있습니다. 책을 디자인하는 경우라면 '북 디자인'이라고 부를 수 있겠지요.

편집 디자이너는 기사가 전달하고자 하는 내용이 무엇인지 파악하고, 이것이 독자들에게 어떤 느낌으로 전달되어야 할지 주어진 사안에 대해 깊이 이해하고 감정이입을 할 수 있어야 합니다. 가령 지진 피해를 다루는 기사라면 가볍거나 즐거운, 또는 무심한 느낌으로 표현되어서는 안 되겠지요. 기사를 읽을 독자의 마음을 헤아려 그들과 함께 공감하며 신뢰와 위로를 줄 수 있는 디자인이어야 합니다. 책이나 잡지 등도 같은 목적을 지니고 있으므로 이러한 맥락에서 같은 분야의 전문가가 디자인합니다.

우리가 일상에서 많은 시간을 접하는 텔레비전이나 인터넷에는 광고를 목적으로 한 다양한 내용의 CF(Commercial Film)가 있습니다. 올림픽이나 월드컵과 같이 온 국민이 관심을 쏟는 일이 있을 때는 그것을 적극적으로 광고에 이용합니다. 김연아 선수가 밴쿠버 동계 올림픽에서 메달을 딴 무렵에는 빙상 스타들을 모델로 한 다양한 제품의 광고들이 쏟아져 나왔지요. 건강, 노력, 인내, 성공, 스트레스 해소, 상쾌함, 시원함 등 동계 스포츠 이미지와 연결할 수 있는 많은 상품들—우유에서 에어컨에 이르기까지—이 광고에 스포츠를 이용했습니다. 이렇듯 상품의 잠재 구매자가 누구인지, 그들의 소비 성향은 어떠한지 연구하여 어떤 메시지를 어떤 느낌으로 풀어 제품을 광고할 것인가 전략을 짜고, 그것을 텔레비전, 신문, 잡지, 인터넷, 판촉 행사 등 다양한 매체의 특성에 맞도록 광고를 제작하는 일을 '광고 디자인(Advertising Design)'이라고 합니다.

광고에 등장하는 제품이나 기업의 이름을 보면 모두 다른 형태나 글자로 공들여 디자인되어 있는 것을 발견할 수 있습니다. 그 특

별하게 생긴 모양이나 글자로 우리는 그 제품이나 기업을 기억합니

다. KB국민은행의 경우를 살펴보
면, 'K'를 별을 연상시키는 모양의
손 글씨로 디자인해서 차별화된 이

미지로 표현하고 있습니다. 세상에 무수히 존재하는 상품명과 기

업의 정체성을 구분하여 표현하는 영역의 디자인을 '아이덴티티

디자인(Identity Design)'이라고 합니다. 제품의 경우에는 광고는 물론

이거니와 용기 및 포장, 매장의 간판 및 인테리어에 이르기까지 브

스튜디오 바프에서 디자인한
일민미술관(서울 광화문 세종
로에 위치)의 심벌마크와 이
것이 적용된 건물의 각 부분.

랜드의 이미지와 가치를 만드는 디
자인이라 하여 '브랜딩 디자인
(Branding Design)'이라고도 하지요.

그 밖에도 거리에서 접하는 운전
자를 위한 이정표, 지하철 내의 안
내 표시, 지도, 약도와 같이 쉽고 명
쾌하고, 재미있게 정보를 전달하는
'정보 디자인(Information Design)'이
있습니다.

이렇듯 우리의 일상 속 여러 목
적의 소통 문제를 전문으로 하는 디
자인 영역을 총칭하여 '커뮤니케이
션 디자인(Communication Design)'이

신라호텔에서 운영하는 베이커리 브랜드 '페이
스트리 부티크'의 패키지. 스튜디오 바프 디자인.

라고 합니다. 신문, 책, 광고, 기업, 상품, 거리 안내 표지 모두가 결
국은 모두 일상 속의 다양한 '소통'을 목적으로 하고 있습니다.

디자인은 계속된다

여태껏 꽤 많은 디자인을 설명한 것 같지만 이것이 전부가 아닙
니다. '디지털 빅뱅' 이후로 소통의 수단이 다양해지면서 일상의
문화에도 많은 변화를 가져왔습니다. 온라인이나 웹을 포함한 새

로운 디지털 환경 안에서 일어나는 많은 일들에도 디자인이 필요한데, 이로써 새로운 미디어를 이용한 디자인들이 생겨났습니다.

디지털을 기반으로 하는 새로운 종류의 디자인을 살펴보면 '웹 디자인(Web Design)', '모션 그래픽(Motion Graphic)', '게임 디자인(Game Design)', '뉴미디어 디자인(New Media Design)', '유아이 디자인(User Interface Design, 사용자 환경 디자인)', '유엑스 디자인(User eXperience Design, 사용자 경험 디자인)', '인터랙티브 디사인(Interactive Design, 상호작용을 위한 디자인)' 등이 있습니다.

웹 디자인은 월드 와이드 웹(World Wide Web)이라는 디지털 환경 안에 존재하는 많은 것들을 디자인합니다. 기업, 기관, 행사, 제품 등을 알리기 위한 웹 사이트를 디자인하는 일이 그 대표적인 일입니다. 모션 그래픽은 디지털 미디어를 이용하여 정지된 이미지를 움직이는 이미지로 전환하여 좀 더 흥미롭고 효과적인 이미지 표현을 하는 일입니다. 그리고 모션 그래픽 이미지를 이용, 치밀한 계획을 통하여 흥미로운 이야기와 경험 전개를 게임으로 전환하는 일을 게임 디자인이라고 합니다. 디지털 기술의 발전과 더불어 새로운 개념, 새로운 미디어의 광고와 제품 등이 탄생을 하는데, 이처럼 새로운 언어와 방식을 이용한 디자인을 뉴미디어 디자인이라고 합니다. 홀로그램이나 3D 영화, 3D TV 등이 이에 속합니다. 유아이 디자인, 유엑스 디자인, 인터랙티브 디자인 등은 새롭게 발전하는 미

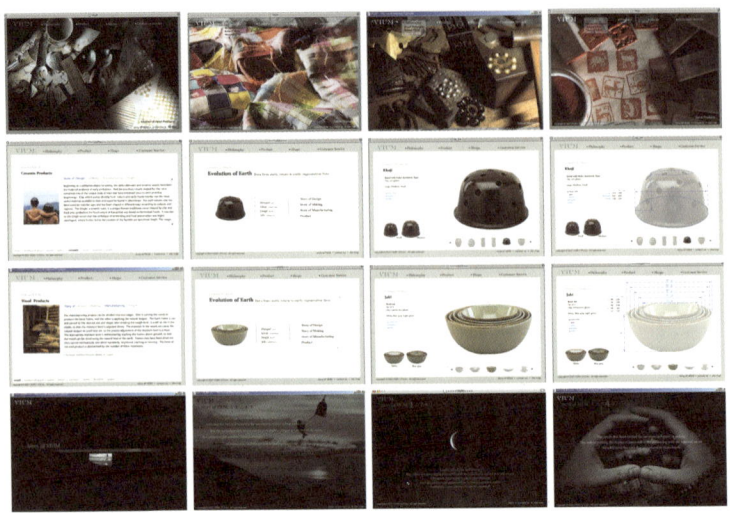

한국 전통의 현대화를 추구하는 제품 브랜드 비움(VIUM)의 홍보 웹사이트. '비움'과 '채움'의 철학을 담아 브랜드 이미지를 구현했다. 스튜디오 바프 디자인.

디어 환경을 이용, 사용자들이 쉽게 활용할 수 있는 방법을 연구하는 일입니다. 새로운 소통의 방식들이 사용자들에게 편리하고 재미있게 다가갈 수 있도록 연구하여 다양한 제품을 이용하고 소통하는 수단으로 활용할 수 있도록 연구하는 일이 디자이너의 영역이 되었다는 점을 주목해 볼 만합니다.

종전에는 존재하지 않던 새로운 디자인의 명칭들을 살펴보노라면, 기존의 디자인 영역 체계로는 설명할 수 없는 새로운 개념의 디자인들이 속속 탄생하고 있음을 알 수 있습니다. 서로 다른 영역들이 융합하여 새로운 개념의 디자인이 탄생하기도 합니다. 기존의 커뮤니케이션 디자인의 영역이 확장되기도 하고, 디지털을 이용한 새로운 제품 디자인이 탄생합니다. 패션 디자인 영역도 확장되어 첨단 통신 기능을 갖춘 의상이 등장할 날도 머지않은 것 같습니다.

　"디자인이란 무엇인가?"에 대한 대답은 여전히 쉽지 않습니다. 끊임없이 변화하는 삶의 방식에 따라 디자인 역시 끊임없이 변화할 것이므로 그 답은 결코 완결될 수 없을지도 모르겠습니다. 하지만 "디자인이란 무엇인가?"에 대해 한 가지 변치 않을 대답이 있을 테니, 그것은 "대중의 삶을 더 효율적으로, 더 즐길 만하게 만들기 위해 기여하는 일이다"라는 답일 것입니다. 세상이 아무리 바뀌어도 디자인은 변함없이 우리의 일상과 더불어 존재할 것이니까요.

_2_
살림의 디자인, 살핌의 디자인

디자이너로서의 연륜이 쌓일수록 "디자인이란 도대체 무엇일까?"에 대한 고민이 새롭고 깊어집니다. 대중의 삶을 더 효율적으로, 더 즐길 만한 것으로 변화시키기 위한 노력과 방법이 디자인인건 분명한데, 도대체 어떤 노력이며 어떤 방법이어야 하는지 늘 답이 충분치 않습니다. 그것이 옷이든 집이든 책이든 자동차든, 더 멋지게 보이도록 디자인해 주는 것만으로 사람들의 삶이 더욱 행복해질까요? 꼭 그런 것만은 아니라는 생각이 듭니다. 사람이란 좋은 것을 손에 넣으면 그다음에는 더 좋은 것을 갖고 싶다는 욕망을 품게 마련입니다. 그렇다면 그러한 욕망을 채워 주려고 끝없이 무언가를 더 멋지게 만들어 내는 일만이 디자이너가 할 수 있는 최선일까 하는 회의가 들지 않을 수 없습니다.

"디자인이란 대중의 행복을 위해 기여한다"는 원칙을 다시금 되뇔 때 슬며시 드는 생각이 있습니다. 그동안 우리가 몰두해 온 디자인이 모두 '보이는 것'에만 치우쳤던 것은 아닐까 하는 점입니다. 우리는 무언가를 끊임없이 만드느라 자원과 에너지를 소모하고 쓰레기를 만들어 냅니다. 그 때문에 지구는 점점 더 황폐해져 갑니다. 이제 와서 '저탄소 녹색성장'을 부르짖으며 한 등 끄기, 수돗물 잠그기, 대중교통 이용하기를 외치지만, 그런 움직임이 조금 더 일찍, 조금 더 효율적인 방법으로 우리 삶 안에 파고들었다면 얼마나 좋았을까요? 우리 환경이 이 지경에 이르도록 방치했던 점에 대해 디자이너로서 반성하게 됩니다.

지구상에 존재하는 모든 일들은 세상이 어디로 흘러갈지를 결정하기도 하고, 거꾸로 세상이 어디로 흘러가느냐에 따라 영향을 받기도 합니다. 2000년대를 전후하여 지구 환경이 급격하게 변화하고 있고, 그것은 디자인이 어느 방향으로 흘러가야 할지에 대해서도 큰 영향을 미치고 있습니다. 그래서 그린 디자인(Green Design), 에코 디자인(Eco Design) 등이 등장했습니다. 이것들에 이어 최근 가장 많이 사용되는 표현으로 '서스테이너블 디자인(Sustainable Design, 지속 가능한 디자인)'이라는 말이 있습니다. '지속 가능한 미래'를 생각하며, '지속 가능한 미래를 위해 기여할 수 있는 디자인'이라는 뜻인데, 과거에 주로 사용하던 '친환경적인'이라는 표현과는 그 강도가 매우 다르다는 점에 주목할 필요가 있습니다. '친환경적인'이라는 표현이 어느 정도 선택의 여지를 두고 권장하는 듯한 느낌을 담고 있다면, '지속 가능한'은 사태의 심각성을 매우 강렬하게 표현하고자 하는 의지를 담고 있습니다. 지금의 여러 환경 문제를 고려할 때 지구가 과연 지속적으로 존재할 수 있을 것인지를 심각하게 물으며, 지구가 지속될 수 없다면 이에 따라 인류 역시 존속할 수 없음을 알리려는 의도가 담겨 있는 것이지요. 지구와 인류의 지속적인 존재 여부는 일부 선택적인 친환경 행위를 통해서는 도저히 기약할 수 없는 일이므로 지구상의 모든 국가, 모든 기업, 모든 개인이 이에 동참해야 하는 중대한 과업임을 강조하는 것입니다. 이 세상에 존재하는 모든 직업 활동도 당연히 이에 동참할 것을 요구합니다.

요즘 최고의 환경 이슈를 제기하고 있는 '탄소 발자국'의 관점에서 생각해 볼까요? 우리가 무슨 일을 하든, 무슨 물건을 만들든 그 과정에서 이산화탄소를 배출하게 되는데, 탄소 발자국이란 이 이산화탄소의 발생량을 일컫습니다. 그런데 알다시피 이산화탄소의 양을 최소화하는 것만이 오존층의 파괴를 막아 지구 온난화의 속도를 늦출 수 있다고 합니다. 그래야 북극의 빙산이 녹는 것을 멈추게 하고 지구상에 벌어지는 다양한 기상 이변을 막아, 인류가 오랜 세월

살아왔던 방식대로 평화로운 삶을 지속해 나갈 수 있다는 이야기입니다. 인류는 지금 심각한 환경 문제와 맞닥뜨렸습니다. 그래서 죽을 운명에 놓인 지구 환경을 더는 방치할 수 없다는, 지구 환경을 '살려야만' 한다는 절박한 위기감도 확산되어 가고 있습니다.

이것은 앞으로 디자이너가 나아가야 할 방향을 제시하고 있기도 합니다. 좋은 디자인에 대한 기준이 달라지고, 훌륭한 디자이너가 되기 위해 갖추어야 할 덕목에도 변화가 생긴 것입니다. 아무리 멋진 디자인을 했더라도 그것이 지구 환경에 대한 책임 의식을 저버리고 있다면 매우 반사회적이며 비도덕적인 행위가 되어 버릴 수 있지요. 그렇다면 그 디자인은 대중의 행복을 위해 기여하기는커녕 인류의 미래를 위협할 뿐입니다. 변화된 세상, 변화된 환경 안에서는 디자인에 대한 기준도 바뀝니다. 조금 불편해도, 조금 덜 예뻐도 그것이 결국 인류의 미래를 위해 '선(善)'을 행하는 일이라면 훨씬 더 좋은 디자인이며 멋진 디자인이라는 말이지요. 그렇다고 해서 불편한 디자인, 아름답지 않은 디자인이어도 상관없다는 의미가 아닙니다. 여전히 편리하고 만족감을 주는 아름다운 디자인이어야 하겠지만, 그것을 만드는 과정에서 지나치게 많은 자원과 에너지를 소모하거나 지구상에 원치 않는 흔적, 즉 쓰레기를 발생시켜서는 안 되겠다는 말입니다.

'살림' 디자인이 뜬다

우리말 가운데 '살림'이라는 말이 있습니다. '살다' '살리다'라는 말에서 나왔을 텐데요, 사전을 보면 "한집안을 이루어 살아가는 일" "살아가는 형편이나 정도" "집 안에서 주로 쓰는 세간" 등으로 풀이되어 있습니다. 그리고 '알뜰하다'는 말은 "일이나 살림을 정성스럽고 규모 있게 하여 빈틈이 없다"거나 "다른 사람을 아끼고 위하는 마음이 참되고 지극하다"는 의미라고 풀이되어 있습니다. 이 설명 가운데 어디에도 '디자인'이라는 단어는 언급되어 있지 않지만, '디자인'을 대변하는 너무도 안성맞춤인 단어라고 저는 생각합니다.

옛사람들이 지녔던 살림의 지혜는 정말 특별했습니다. 전분이 녹아 있는 쌀뜨물을 이용해 된장국을 더욱 맛있게 끓일 줄 알고, 아궁이를 지피고 남은 재를 분뇨 위에 뿌려 뒷거름을 만들어 농작물을 기름지게 하였고, 음식 찌꺼기를 모아 집짐승을 키워 음식 쓰레기가 함부로 버려지지 않도록 하였으며, 쓸모없는 조각 천을 이어 멋진 조각보 예술을 탄생시켰습니다. 지구 환경을 지켰을 뿐만 아니라 생활의 효율과 멋을 발휘하는 '살림의 디자인'을 일찍이 실천했던 겁니다. 이처럼 알뜰한 살림 정신을 이어받는다면 '탄소 배출권'이나 '지속 가능한 미래'와 같은 낯선 단어들로부터 위협을 느끼지 않아도 될 것입니다.

'살림'의 디자인은 나 하나만의 행복을 생각하는 이기적인 삶의 태도를 벗어나, 이웃의 형편을 살피고 이웃과 더불어 나눌 수 있는 행복에 깊은 관심을 갖게 해 줍니다. 하나뿐인 지구에서 오래도록 행복하게 살자면 모두가 한마음이 되어 지구 살리기에 동참해야 하니까요.

우리 주변에서 발견할 수 있는 살림 디자인의 좋은 예가 바로 '아름다운 가게'입니다. 아름다운 가게는 "나눔과 순환의 세상 원리를 실천"하고, "이미 사용하던 물건을 새로운 마음으로 사고파는 장소"라고 스스로 설명합니다. 아름다운 가게는 자기 몸 하나로는 도저히 다 입을 수 없을 만큼 많은 옷을 가지고 있으면서도 예쁜 옷을 보면 또 사게 되는 사람들의 소비 욕망을 질타만 하고 있지 않습

버려진 병뚜껑을 배지로 만들어 '아름다운 가게'의 정신을 담은 홍보물로 디자인했다. 스튜디오 바프 디자인.

니다. 그보다는 그 옷을 필요로 하는 사람들에게 재분배하는, 지혜롭고 현실적인 대안을 제시한다는 점에서 너무도 훌륭한 디자인 행위입니다. 이것은 물건을 넘어, 모두가 공존 공생할 수 있는 사회적 체제를 디자인하는 일이니 진정 아름다운 디자인이 아닐 수 없습니다.

스위스 취리히에 있는 프라이탁 매장 본점의 모습. 컨테이너 박스를 재사용해 지었다.

스위스에는 프라이탁 형제가 만든 '프라이탁(FREITAG)'이라는 가방 회사가 있습니다. 프라이탁 형제는 비가 와도 자전거 여행을 즐길 수 있을 만한 튼튼한 소재의 메신저백을 만들고 싶었습니다. 이런저런 궁리를 하던 중에 화물 트럭 짐칸의 방수 덮개가 눈에 띄었습니다. 여기에 폐차의 안전벨트를 이용하여 가방끈을 만들었죠. 자동차의 안전벨트로 만들었으니 절대 끊어질 염려가 없는 튼튼한 가방끈이 될 수 있었습니다. 그들은 버려진 방수 덮개와 자동차 안전벨트, 에어백, 자전거 튜브 등을 이용하여 가방을 만들면 아주 새로운 개념의 상품이 탄생할 수도 있겠다는 데에 생각이 미쳤습니다. 튼튼하고 멋진 가방을 만들 수 있어서 좋고, 버려지는 쓰레기를 줄일 수 있어서 좋은 것이지요.

프라이탁 형제의 생각은 적중하여 대단한 성공을 거두었습니다. 버려진 물건을 일일이 수거하여 세탁하고, 마름질과 재봉질을 거쳐 상품으로 만들기까지는 비용이 만만치 않게 들었습니다. 그래서 판매가도 상당히 높지만, 이 고가의 가방은 세계의 멋쟁이들이 꼭 가지고 싶어하는 패션 아이템으로 자리 잡았습니다. 디자인 감각이 뛰어난 것은 물론이고 참신한 재활용 아이디어가 사람들의 마음을 사로잡은 것입니다. 사람들은 프라이탁의 '살림'의 디자인을 존중합니다. 사람들은 멋진 가방 하나를 구입했을 때 느끼는 단순한 만족감을 넘어서, 지구 환경을 돌보는 뜻깊은 생각에 동참한다는 데에서 더 큰 만족감을 느낍니다.

유니버설 디자인의 '살핌'

'살림'의 디자인에 이어 급부상한 디자인 이슈 중의 하나가 '살핌'의 디자인입니다. '유니버설 디자인(Universal Design)'이라고도 부르는데, 이것은 '소수를 위한 디자인'의 관점에서 출발해 '모두를 위한 디자인'으로 자리를 잡았습니다. 그리고 '배려의 디자인'이라는 디자인에 대한 새로운 깨달음을 가져다주었습니다. 유니버설 디자인은 디자인 혜택으로부터 소외된 이들에게 관심을 돌린 데에서 싹텄습니다. 대중의 삶의 질을 높이는 데 기여하는 것이 디자인이라는 것은 널리 알려진 생각인데, 이때의 '대중'으로부터 종종 제외되었던 사람들이 있다는 사실을 인식하게 된 겁니다. 유니버설 디자인을 '배리어 프리(Barrier Free)'라고 부르기도 합니다. 이 말은 '장벽을 없애는 디자인'이라고 번역할 수 있습니다. 성별, 연령, 언어, 문화적 배경, 장애의 유무에 상관없이 누구라도 쉽고 편하게 접할 수 있도록 장벽이 될 만한 모든 것을 없애는 디자인이라는 의미입니다.

고객을 대상으로 한 모든 영역의 사업 주체들이 유니버설 디자인에 관심을 가질 수밖에 없습니다. 어떻게 하면 고객을 좀 더 가까이 다가오게 할 수 있을까를 연구하는 입장에서는 매우 반가운 해결책을 얻을 수 있기 때문입니다. 일본의 기업들은 우리보다 훨씬 일찍부터 유니버설 디자인에 관심을 가져왔는데, 미즈호 은행의 '하트풀 프로젝트(Heartful Project)'가 좋은 예입니다.

미즈호 은행은 '연령, 성별, 장애의 유무에 관계없이 누구라도 이용하기 쉬운 은행'을 만들겠다는 목표를 세웠습니다. 그리고 고객에게 장벽이 되는 모든 요소를 제거하겠다는 의지를 갖고 유니버설 디자인 프로젝트를 시행했습니다. 은행의 '하드웨어적' 환경과 '소프트웨어적' 환경을 개선하고, 이에 더하여 '하트', 즉 고객을 위한 '배려심'을 높이기 위한 여러 실행 계획들을 세웠습니다.

'하드웨어적' 환경 개선은 주차장에서 은행의 내외부에 이르기까지의 길, 계단, 복도, 로비, 엘리베이터, 화장실, ATM 코너 등 모든 곳을 휠체어를 타고도 불편 없이 사용할 수 있도록 만드는 일이었습니다. '소프트웨어적' 개선으로는 고령자나 장애가 있는 사람, 외국인 들이 불편 없이 은행을 이용할 수 있도록 알기 쉬운 설명 화면을 삽입, 인터넷 뱅킹을 수월하게 할 수 있도록 했습니다. 또 팸플릿에는 더 큰 문자와 그림을 넣어 읽기 쉽도록 하였고, 고객 기입용 서류나 전표 등도 '보기 쉽고, 알기 쉽고, 쓰기 쉽게' 하기 위해 많은 것들을 개선해 나갔습니다. '하트풀(heartful)'이라는 말에는 '마음을 다하여 살핀다'는 뜻이 담겨 있는데, 미즈호 은행은 고객들에게 배려 깊은 서비스를 제공하기 위해 고객을 대응하는 직원 교육에도 많은 노력을 쏟았습니다. 은행 로비에서 안내를 담당하는 직원 가운데 3분의 2가량이 '서비스 시중사' 2급 자격증을 취득할 정도였으니, '살핌의 마음'은 미즈호 은행이 시행한 유니버설 디자인의 중요한 부분이었던 것입니다.

미즈호 은행의 하트풀 프로젝트는 많은 고객들로부터 호응을 받았습니다. 또 금융 기관으로는 처음으로 도쿄도로부터 감사장을 수상하였으며, 결과적으로는 은행의 등급 평가를 높이는 데도 크게 기여했습니다. 2007년 일본 전역의 120개가 넘는 은행을 비교한 '은행 경영 능력 조사'에서 미즈호 은행이 종합 1위를 차지했다고 하니, 유니버설 디자인이 기업 성공의 필요 요건임이 분명해 보입니다.

　굳이 유니버설 디자인을 말하지 않아도 디자인이란 원래 살리고
자 하는 마음, 살피고자 하는 마음 없이는 할 수가 없는 일입니다.
그러므로 디자이너란 디자인이란 행위를 통하여 이루어지는 한 사
람 한 사람의 작은 '살림'과 '살핌'의 마음이 언젠가 우리 사회를 위
한 궁극적인 선을 이루는 데 보탬이 되지 않을까 하는 꿈을 꾸는 사
람들입니다.

_3_
디자인 선진국은 무엇이 다를까?

디자인 선진국들이 모여 있는 유럽을 여행하다 보면 좋은 디자인, 훌륭한 디자인을 많이 만날 수 있습니다. 어떤 물건의 디자인이 뛰어나다는 뜻만이 아니라, 사회 전체에서 우리와는 분명 다른 디자인의 힘이 느껴집니다.

과거에 우리나라가 경제적으로 많이 뒤처져 있었을 때는 그 차이가 겉으로 쉽게 느러났습니다. 그네들이 누리는 것이라면 집이든 차든 옷이든, 모든 것이 우리의 것과는 비교도 할 수 없을 만큼 좋아 보였습니다. 우리의 식탁에 놓인 음식들은 왠지 구질구질하고 부끄럽게 느껴지는 반면, 그들이 먹는 음식은 식탁 풍경과 함께 어우러져 훨씬 더 우아하고 세련되어 보였습니다. 그래서 그들이 가진 것들을 사다 나르기 시작했습니다. 그들을 흉내 내어 먹고 입고 꾸미는 데에 열중하였습니다. 그들의 것을 가져다 채우면 우리의 삶도 뭔가 달라지지 않을까 하는 기대를 하면서 말이지요.

그로부터 세월이 한참 지났습니다. 부단한 노력 끝에 이제 우리나라도 모든 면에서 상당히 성장했습니다. 경제력이나 기술력은 물론이고, 스포츠, 예술, 문화 등 다방면에 걸쳐 이제 세계가 주목하는 뭔가 '있어 보이는' 나라가 된 것이 분명한 듯합니다. 오늘날 우리의 젊은이들은 세계 어디에 내놓아도 뒤지지 않을뿐더러, 오히려 선두를 이끌어 가며 자신이 한국인이라는 사실을 자랑스럽게 여깁니다. 세계적인 명품 브랜드들은 우리나라 고객의 눈을 사로잡으려고 앞다투어 애를 씁니다. 특히 전자 제품 업계에서는 한국 고객의 눈높이에 맞추면 그 제품은 세계 시장에서 성공할 수 있다는 말을 하기도 합니다. 그만큼 우리의 수준과 영향력이 높아졌다는 뜻입니다.

그럼에도 불구하고 디자이너의 눈으로 바라볼 때면 아직도 뭔가가 부족하다는 생각을 떨칠 수가 없습니다. 우리의 삶에는 없지만 그들의 삶에는 분명히 있는 그 무엇, 몇몇 사람들에 국한된 것이 아닌 사회 전체를 지배하는 그 무엇이 우리에게는 아직 결여되어 있다는 생각이 듭니다. 돈이 많고 적음에 관계없이 삶을 흔들지 않게 하는 굳건한 '그 무엇'이 무엇인지 계속해서 생각하게 됩니다.

독일 쾰른의 보도 위에 장치된 거리 지도와 독일 디자인의 특징을 보여 주는 의자.

디자인에서 앞서가는 몇몇 나라의 예를 함께 살펴보면서 '그 무엇'을 찾아볼까요?

독일은 디자인 선진국이라 일컬어지는데, 독일 디자인의 특징은 엄격한 원칙에 근간을 둔 철저함에 있습니다. 작은 나사 하나를 만들더라도 오랜 시간 동안 흔들림 없이 제 역할을 다할 수 있도록 디자인합니다. 그리고 전체를 구성하는 틀과 잘 어우러져 실수나 낭비 없이 조화를 이루도록 디자인합니다. 형태에 있어서도 장식을 최대한 배제하고 본질에 충실한 디자인을 지향하므로 유행보다는 오랫동안 변치 않을 아름다움을 우선시합니다. 그에 따라 대중들의 안목도 잠시 눈을 즐겁게 하는 재미보다는 지속적인 신뢰를 줄 수 있는 군더더기 없는 아름다움

쪽으로 이끌려 갑니다. 다소 무뚝뚝하고 융통성이 없어 보이긴 하지만, 사람들은 그것이 오랫동안 변함없는 이익과 가치를 가져다주리라는 믿음을 갖습니다. 흔들림 없는 신뢰 때문에 사람들은 다소 비싼 값을 지불하더라도 그것을 구입합니다. 이와 같은 믿음이 독일 사람들의 규모 있는 삶, 낭비가 없는 철저한 삶에 대한 태도를 이끌어 주지 않았을까 생각하게 됩니다.

멋쟁이들의 도시인 파리나 밀라노에 가 보면, 그들의 생활 공간은 결코 넓지도 화려하지도 않은 좁고 낡은 건물입니다. 오래된 건물을 무조건 부수고 새로 건축하는 것이 아니라, 세월의 흔적을 그대로 보존하면서도 한 걸음 더 나아가 여기에 현대인의 삶을 반영하는 아이디어가 돋보입니다. 또한 그들의 삶 구석구석에서는 멋과 여유가 넘칩니다. 파스타 한 접시를 먹으면서도 촛불과 와인 한 잔을 곁들여 즐길 줄 알고, 명품 드레스가 없어도 머플러 한 장으로 자신만의 남다른 패션을 구사할 줄 압니다. 거리에서 낯선 이를 마주치더라도 아주 짧은 순간에 유머를 섞어 말하길 좋아하고, 에스프레소 한 잔에 햇살을 즐기면서 삶의 여유를 만끽하기도 합니다. 오랜 세월의 흔적이 깃든 낡은 가죽 가방 하나로 디자인 명품에 대한 자신의 소신과 안목을 대변하기도 하고, 맛집 레스토랑 앞에 늘 어선 긴 줄에서 참을성 있게 차례를 기다리며 자신이 원하는 음식을 먹기 위해 감당해야 할 수고를 견디기도 합니다. 이런 모습을 지

프랑스 파리의 카페 모습과 기존 건물
을 그대로 살리고 외관만 현대 감각에
맞춰 예술적으로 리모델링한 파리 문
화성의 건물.

켜보고 있으면 진정한 행복, 진정한 멋은 돈보다는 삶을 대하는 여
유로운 태도에서 비롯하는 것이 아닐까 하는 생각이 듭니다.

유행과는 상관없는 깊은 호흡을 자랑하는 북유럽 디자인의 특징
은 자연으로부터의 영감과 지혜를 근간으로 하고 있다는 점입니
다. 거친 바다와 울창한 삼림, 호수와 늪과 드넓은 목초지 등으로
둘러싸인 북유럽의 자연이 디자인에 고스란히 담겨 있습니다. 화

북유럽 스칸디나비아반도 서쪽에 위치한 노르웨이의 자연 풍경과 스칸디나비아의 디자인을 다룬 1970년대의 산업 디자인 잡지 표지들.

려한 장식보다는 꼭 필요한 기능을 중심으로 한 단순하고 절제된 형태, 자연 그대로를 최대한 살린 재질과 색감으로 이루어진 북유럽의 디자인은 세월이 지나도 싫증 나지 않으며, 인간의 본질적인 정서와 편안하게 조화를 이룹니다. 인간에게 가장 좋은 것은 자연에서 비롯한다는 생각으로 자연에 가까이 다가가는 디자인, 자연의 지혜와 아름다움을 담고자 하는 디자인을 만들어 낸 것이지요. 이로써 북유럽의 디자인은 상업적인 목적을 위한 디자인이 아닌, 사람을 위한 디자인이라는 신뢰감을 강하게 줍니다. 이렇듯 북유럽의 사람들은 자극적이거나 감각적인 유행의 조류를 벗어나 자연과 더불어 깊이 호흡하는 삶을 더욱 중요하게 여깁니다. 남들의 시선, 남들의 삶이 아닌 자기 자신을 중심으로 한 삶의 흐름에 맞추어 자신만의 소박한 행복을 일구어 가는 겁니다.

디자인 선진국들의 다양한 삶의 모습을 살펴보면 디자인은 물건만을 대상으로 하는 행위가 아니라는 점이 확실해집니다. 물건의 쓰임새와 모양새를 개선하기 전에 우리의 생각과 삶을 개선하는 일이 선행되어야 진정한 행복에 도달할 수 있을 것이기 때문입니다. 디자인은 사람들에게 물건을 통한 삶의 효율과 멋을 선사할 뿐만 아니라, 우리에게 행복을 가져다주는 생각의 방식과 삶에 대한 태도를 이끌어 냅니다.

그렇다면 우리에게 행복을 가져다주는 생각의 방식과 삶에 대한 태도를 디자인한다는 것은 어떤 것일까요? 그것은 결국 남이 아닌 자기 자신의 삶을 되돌아보고 자신이 가치 있게 생각하는 것이 무엇인지를 깨달아 그것을 차근차근 실천에 옮길 수 있도록 해 주는 일이 아닐까 합니다. 독일의 디자인에 배어 있는 검소하고 철저한 삶에 대한 태도, 이탈리아나 프랑스의 디자인에 배어 있는 삶을 즐길 줄 아는 여유로운 태도, 북유럽의 디자인에 배어 있는 자연의 소박함과 자연의 편안함을 배우려는 태도 등은 모두 저마다의 방식대로 삶의 행복을 추구하며 그것을 삶 속에 연습하고 실천하는 행위입니다.

그럼 우리나라는 어떤가요? 디자인에 대한 이와 같은 생각이 우리나라에도 점차 퍼져 나가고 있습니다. 그 대표적인 예로 거리의 간판 디자인을 개선하는 사업을 꼽을 수 있겠습니다. 그간 산만하게 방치되어 왔던 간판들을 주변 환경과 잘 어울리면서도 보기 좋게 고치는 일이 그것입니다. 정부나 지방자치단체가 각 분야의 디자이너들과 함께 추진하는 모습이 최근 들어 눈에 띄게 늘고 있으며, 몇몇 뜻있는 디자이너들은 앞장서서 관련 프로젝트를 기획하고 실행함으로써 더 적극적으로 움직임을 이끌어 갑니다. 물론 여기에도 유의해야 할 점은 있습니다. 간결하게 정돈되었다고 하더라도 너무 획일적이고 작위적인 느낌을 풍긴다면 가게가 지닌 본래의 개성과 다소 거리가 있는 그 간판은 성공적인 간판 디자인이라고 말하기 어렵겠지요. 하지만 분명한 것은 이러한 움직임들이, 우리의 삶과 생활 속에 자연스럽게 녹아드는 디자인을 구현하기 위한 노력이라는 점일 것입니다.

디자인은 삶의 철학이 배어 있는 일상의 모든 것입니다. 인간이란 적절하게 제한적인 조건 속에서 그것을 어떻게 규모 있게 운영해 나가느냐에 따라 행복의 크기를 만들어 갑니다. 무한정의 시간과 자원, 돈을 전제로 한 삶은 어느 곳에도 존재하지 않습니다. 만의 하나 무한정의 조건이 가능하다고 해도 그것이 우리를 행복하게 하는 것은 결코 아닙니다.

"주어진 시간, 주어진 환경과 주어진 예산의 범위 안에서 어떻게 삶을 가치 있게 만들어 갈 것인가?" 이 질문에 대한 답을 찾아 제안하는 일이 디자이너가 해야 할 일이 아닌가 싶습니다. 각자가 지닌 조건을 충족시키면서도 여유를 즐길 수 있는 규모 있는 삶, 남이 아닌 자기 자신의 삶을 중심으로 분수에 맞는 행복을 찾아 낼 줄 아는 대중의 안목을 이끌어 내는 것. 이것이 바로 '보이지 않는 것'까지 디자인하는 디자이너의 진정한 책임과 역할이라고 생각합니다.

_4_
조선의 위대한 디자이너, 세종대왕

　조선 시대에도 디자이너가 있었다니 이상하다고요? 그리고 그 인물이 다름 아닌 세종대왕이라니 더 의아하다고요? 우선은 '디자이너'라는 말이 외래어라서 그렇게 느껴질지도 모르겠습니다. 그러나 대중의 삶의 질을 개선하는 것이 디자인이 추구하는 목적이고, 그런 일을 하는 것이 바로 디자이너라고 했으니 이 땅에는 진작부터 수많은 디자이너들이 살아왔습니다. 그리고 그중에서도 한글을 만든 세종대왕은 누구보다 뛰어난 디자이너였습니다.

　대중의 삶의 질을 개선하는 데에 필요한 요건은 이루 헤아릴 수 없이 많겠지만, 그중에서도 가장 근원적인 것을 하나 든다면 바로 '소통'을 위한 요건이 아닐까 합니다. 사회 속에서 다양한 사람들과 관계를 맺으며 살아가는 인간에게 소통은 절대적입니다. 하여, 인간은 어떤 방식으로든 공통의 의미를 전달하는 '말'을 만들어 냈고, 말이 있어 비로소 서로의 의사를 주고받을 수 있습니다.

그러나 말만으로는 소통이 완전히 충족될 수 없습니다. 말이란 단지 '목소리'를 이용한 소통의 방식이니까요. 서로의 목소리를 들을 수 없을 만큼 공간적으로 멀리 떨어져 있거나, 같은 시대를 살지 않고 시간적으로 떨어져 사는 사람들끼리는 말로 소통할 수가 없습니다. 게다가 말은 반복되거나 전달되는 과정에서 생략·추가·변질·왜곡 등을 거쳐 애초와는 다른 의미가 될 수 있는 가능성이 무수합니다.

그러한 불편과 오류를 없애기 위해 필요한 것이 바로 '글'입니다. 사람들의 머릿속에서 발생한 생각과 느낌과 정보를 기호 형태로 전환하는 공통의 체계를 글자, 또는 글이라고 합니다. 글이 없다면 눈으로 목격한 사건도, 마음에서 우러난 감정도, 번뜩이는 새로운 생각도 기록할 수 없습니다. 기록이 존재하지 않는다면 어떻게 될까요? 어떤 사건이 벌어졌다고 해도 그것을 증명할 만한 내용을 타인과 공유할 수 없습니다. 또 내가 태어나기 전 시대의 일을 알 수 없고, 내가 경험한 일들을 다음 세대에 전해 줄 수도 없습니다. 아무리 가치가 높은 생각을 했더라도 기록할 수 없다면 기억할 수 있는 한도 내에서만 그 가치를 이어나갈 수 있을 뿐입니다. 불행히도 인간의 기억력은 나이에 반비례하므로 노인들이 지닌 삶의 경험에서 우러난 지혜도 오래 지속되지 못한 채 잊힐 것입니다. 그러면 인류의 문명은 영원히 진보하거나 성숙하지 못한 채 어린아이의 수준에 머물고 말 겁니다. 즉, 글이 없다면 인간의 삶의 질은 동물의 삶과 별반 다름없는 매우 초보적인 수준을 유지할 수밖에 없습니다.

우리 민족은 일찍이 '말'은 가지고 있되, 그것을 기록할 '글'은 지니지 못하였습니다. 대신 중국의 글자인 한자를 기록의 도구로 삼았지요. 그러려면 중국의 글인 한문을 공부해야 하고, 그 생각의 체계를 이해한 후라야 그것을 우리 방식대로 활용할 수 있었습니다. 한자는 글자 하나하나가 일정한 뜻을 가지고 있는 뜻글자라서, 익히는 데 상당한 시간이 걸립니다. 단순히 글자의 모양을 외운다고 활용할 수 있는 것이 아니며, 그 체계가 매우 복잡하고 방대합니다. 늘상 앉아서 학문을 닦는 것을 업으로 삼는 선비가 아닌 다음에야 일반 대중들로서는 한문과 한자를 익히는 일은 상상하기 어려웠습니다. 그러니 자연스럽게 글은 선비들의 소관이 되었으며, 일반 대중은 글 없이 살아가는 것을 당연하게 여기게 되었지요.

글을 사용할 줄 아는 사람과 모르는 사람이 갈렸으며, 자연스레 글을 아는 이들은 높은 지위를 차지했습니다. 반면에 글을 모르는 사람들은 마땅히 누려야 할 여러 권리들을 제대로 알고 지킬 수 없

으므로, 억울하게 이용당
하는 일도 종종 발생했을
것입니다. 불평등한 지위
는 대를 이어 지속되었고
요. 글이 존재하더라도 글
을 모르는 사람들의 삶은
개선되기 힘들었습니다.

게다가 중국의 글자를
배웠다 하더라도 우리의
말이 중국 말과 다르므로
우리의 문화와 정서를 고
스란히 담을 수도 없는
노릇이었습니다. 노랗다,
파랗다 하고 딱 잘라 말
하기 힘든 '노르스름하
다' '파르스름하다'는 한
자로 어떻게 표현할 수

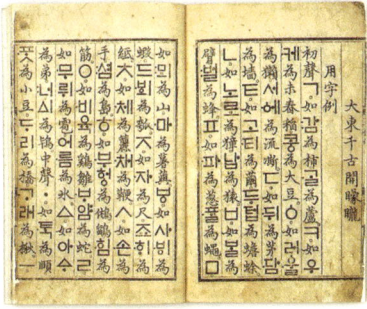

세종대왕 어진(세종대왕기념사업회 소장)과
『훈민정음』의 본문.

있을까요? 우리가 최고의 상태를 표현할 때 쓰는 '더할 나위 없는'
과 같은 표현은 어떤 한자로 써야 제대로 설명할 수 있을까요? 그러
니 한자는 문자적 소통을 가능하게 했을지언정 우리의 문화적 정서

를 담기에는 부족했습니다. 어렵고 불편하기 짝이 없는, 내 몸에 맞지 않는 옷과 같은 글자였던 것이지요.

이러한 대중의 사정을 헤아려 대중이 모두 쉽게 사용할 수 있는 소통의 구체적인 해결책을 강구한 이가 있었으니, 그가 바로 이도(李祹), 우리가 익히 알고 있는 세종대왕이며 그가 만들어 낸 것이 바로 '한글'입니다.

『훈민정음』에서 설명하는 한글 창제의 의도 및 배경은 다음과 같습니다.

"우리나라 말이 중국말과 달라서 한자와는 서로 통하지 못한다. 그러므로 어리석은 백성들이 말하고 싶은 바가 있어도 마침내 그 뜻을 담아 내지 못하는 이가 많다. 내가 이것을 딱하게 여기어 새로 스물여덟 글자를 만들어 내놓으니 모든 사람들이 쉽게 익혀 날로 편히 쓰게 함에 있다."

여기에는 글을 모르는 백성의 삶을 딱하게 여겨 그들을 구제하고자 하는 덕망 있는 임금 세종의 마음이 담겨 있습니다. 그런가 하면 '소통'의 문제를 고민한 커뮤니케이션 디자이너로서의 마음도 담겨 있습니다. 세종대왕은 디자이너로서 대중을 위한 소통의 도구, 누구나 쉽게 배워 사용할 수 있는 소통의 디자인에 대한 사명과 꿈을 한글로 실현했습니다.

훌륭한 디자인이 되자면 대중의 삶의 질을 개선하기 위한 목적과 취지뿐 아니라 내용 또한 훌륭해야 합니다. 이 기준을 한글에 적용해 보면 어떨까요? 한글의 독창성과 활용성은 전 세계가 이미 공감을 했습니다. 한글은 한자와 달리 소리글자입니다. 들리는 대로 소리만을 기록할 수 있는 문자라서 활용성이 매우 뛰어납니다. 어떤 언어일지라도 그 말이 담고 있는 다양한 소리를 가장 근접하게 표현하여 기록할 수 있고, 누구나 쉽게 배울 수 있습니다.

한 예로 2009년에 인도네시아의 소수 민족인 찌아찌아 족은 그들의 말인 찌아찌아 어를 위한 공식 표기 문자로 한글을 채택하였습니다. 이제 찌아찌아 사람들도 한글을 이용하여 자신들의 생각과 감정, 역사를 기록할 수 있게 된 것입니다. 문자가 없어 당하는 백성의 설움과 불편을 거두리라 하였던 조선의 위대한 디자이너 이도의 뜻은 이제 한국의 백성에 국한하지 않고 세계의 백성을 위해 기여할 수 있게 되었습니다.

1443년, 한글은 한국어를 위한 고유 문자로 탄생했습니다. 문자가 없어 암흑과 같은 삶을 살던 한국의 대중에게 빛을 주고자 했던 디자이너 이도의 분명한 의지와 노력의 결과로 탄생한 디자인 작품입니다. 그 덕분에 오늘날 한국인은 누구나 문자를 사용하여 기록하고 공유합니다. 개인적으로도 국가적으로도 지속적인 문화와 문명의 발전을 일구어 갈 수 있는 민족적 자부심을 갖게 된 것이지요. 그뿐만 아니라, 문자가 없어 불편과 서러움을 당하는 지구상 어느 민족을 위해서도 함께 나누고 베풀 수 있는 유용한 문자를 지닌 민족으로 평가받게 되었으니 다시 한번 한글의 우수성을 절감하게 됩니다.

세종대왕이 이룬 훌륭한 일들은 수없이 많습니다. 그중에서도 위대한 업적은 글을 모르는 백성들을 긍휼히 여겨 소통의 문제를 해결하기 위하여 '디자인'의 방법론을 도입했다는 점입니다. 한글 창제 역사를 통해 우리가 깨닫는 것은 디자인의 힘은, 디자이너의 힘은 위대하다는 점입니다.

_5_
디자이너가 되려면 무엇을
준비해야 할까?

앞에서 변화하는 시대 속 디자인의 다양한 면모를 살펴보았습니다. 어떤가요? 디자이너가 되겠다는 꿈이 더욱 굳어졌나요? 그럼, 이제 디자이너가 되려면 어떤 준비들을 해야 할지 알아보도록 하겠습니다.

프로페셔널 디자이너들은 일반적으로 대학의 디자인 관련 학과에서 훈련을 받습니다. 학교마다 명칭에는 다소 차이가 있지만 디자인 관련 학과는 크게 시각디자인과와 산업디자인과로 구분됩니다. 여기에 의상디자인과가 별도로 개설되어 있기도 합니다. 시각디자인은 시각 전달 매체를 통해 전달되는 다양한 디자인 분야를 모두 포함하는데, 다시 인쇄 매체와 영상 매체로 영역을 나눌 수 있습니다. 산업 디자인은 산업에 의해 대량생산되는 다양한 영역의 제품을 디자인하는 일인데요, 크게 제품 디자인, 운송 디자인, 공간 디자인으로 나눌 수 있습니다. 물론 이것이 절대적 구분은 아니며, 유기적으로 연결되어 있는 다양한 영역으로 얼마든지 확장하고 융합할 수 있습니다.

자신이 꿈꾸는 디자인이 어느 영역인가를 미리 가늠해 보는 일은 매우 중요합니다. 그리고 어떤 학교에 어떤 과들이 있는지 알아보는 일도 중요합니다. 학교마다 입학을 위한 선정 기준을 조금씩 달리하고 있기 때문입니다. 소위 일류 학교에 입학하자면 갖추어야 하는 조건도 매우 까다롭습니다. 그림만 잘 그린다고 들어갈 수 있는 것이 아니다 보니, 공부와 실기를 병행하는 매우 힘든 과정을 거쳐 경쟁해야 합니다. 그러나 일류 학교에 들어가야만 일류 디자이너가 되는 것은 아닙니다. 자신에게 맞는 학교인지가 더 중요하지요. 그러므로 먼저 자신의 재능과 개성을 잘 살릴 수 있는 전공이 무엇인지를 결정하고, 그다음에는 자신감 있게 공부를 할 수 있는 환경을 찾아야 합니다.

디자인학과는 대부분 미술대학에 속해 있습니다. 미술대학은 순수미술 전공과 디자인 전공으로 구분되는데, 그 둘은 성격과 양상이 매우 다릅니다. 그럼에도 불구하고 우리나라 대학에서는 디자인 전공자를 선발할 때도 순수미술 전공자를 위한 입학 전형 방식인 실기에 많이 의존해 왔습니다. 이는 외국의 디자인 학교들이 자기 소개서와 포트폴리오, 추천서 등을 중심으로 학생을 선발하는 것과는 많은 차이가 있습니다. 최근에는 좀 더 미래지향적인 디자이너들을 발굴하기 위해 입시 전형 방식에 대폭 변화를 주어 실기 시험을 폐지하는 학교도 생기고 있습니다. 실기 시험을 과감히 없애고 대신 내신이나 수능, 면접 등을 통하여 디자이너의 자질을 지닌 학생을 구분하겠다는 의지를 읽을 수 있지요. 이들 통하여 시대의 변화에 따라 디자이너의 역할도 달라지고 있음을 가늠할 수 있습니다. 디자인이란 '무언가를 잘 그리는 일'이라는 막연한 이해에서 벗어나, 인간의 삶을 통해 마주치는 여러 여건 속에서 문제를 찾아내고 문제를 개선하는 일이라는 이해가 좀 더 분명해진 것이라고 볼 수 있지요. 하지만 여전히 실기 시험을 보는 학교도 다수 있습니다. 실기 시험은 학교마다 조금씩 다르기는 하지만 표현 능력을 보기 위한 테스트와 발상 능력을 보기 위한 테스트로 나뉩니다.

디자인 선진국이라 일컬어지는 나라의 학생들을 보면, 디자인이 단순히 대학 입시 문제로 좌지우시되는 일이 아님을 발견할 수 있습니다. 그들은 어려서부터 스스로 문제를 찾아내고 해결하도록 교육을 받습니다. 또 그 나라만의 오래된 전통 속에 배어 있는 문화 예술적 미감과 조화를 이룬 디자인 감각을 삶 속에서 키웁니다. 어릴 적부터 공중도덕과 사회 규범을 지키도록 교육받으며, 사회 속에서 대중과 함께 살아가는 일에 대한 관심을 키우고, 다양한 분야로 뻗어나가는 인문학적 관심사를 키운 결과가 모이는 지점이 바로 디자인입니다. 그렇게 해서 대학에 들어가 디자인을 전공하겠다는 꿈을 갖게 되는 것이야말로 제대로 된 수순이 아닐까 합니다. 이제야 눈뜨기 시작한 우리의 디자인 교육도 거기에서 많은 것을 배워야 할 것입니다.

세상이 아무리 변해도 디자인에 있어서 결코 변하지 않는 것은 디자인의 주체가 바로 '사람'이라는 점입니다. 그 사람, 그러니까 그 디자이너가 세상 사람들에 대해 무엇을 보고 어떤 생각을 하는가에 따라 멋지고, 아름답고, 편리하고, 유쾌하고, 위대하기까지 한 디자인이 많이 탄생할 수도, 그렇지 않을 수도 있습니다.

그러므로 디자이너가 되기 위해 준비해야 할 것은 세상에 대한 호기심이며 사람에 대한 애정 어린 관심입니다. 그리하여 세상을, 사람들을 좀 더 잘 이해하는 일입니다. 나아가 우리의 삶을 좀 더 멋지게 만들기 위해 필요한 것이 무엇일까를 생각하고 그 방법을 생각해 내는 것입니다. 그 일이 자기 자신을 정말로 기쁘게 한다는 것을 깨닫는 일입니다. 궁금한 대로, 마음이 이끄는 대로 많은 것을 보고, 듣고, 읽고, 생각하고, 그리고, 다양하게 실험함으로써 풍부한 귀와 열린 눈, 유연한 마음과 효율적인 생각을 지닌 사람이 되는 것, 그것이 디자이너가 되기 위해 준비해야 할 가장 중요한 일입니다.

디자이너가 되기 위해 준비해야 할 일을 가만히 살펴보면 자연스럽게 공부를 잘할 수밖에 없을 것도 같습니다. 하지만 순서는 완전히 다릅니다. "디자이너가 되려면 공부를 열심히 해라"가 아니라 "세상 모든 것에 관심을 가져라. 그러면 좋은 디자이너가 될 것이다"인 것이죠. 공부는 그 과정에서 자연스럽게 하게 되는 것이지, 결코 목적이 아닙니다.

　세상에 대해, 자신의 미래에 대해 긍정적인 생각을 갖고 매일매일 즐겁게 살아가기 바랍니다. 매일매일 삶 속에서 새로운 것들을 발견하며 자기만의 생각 창고를 가득가득 채워 가기 바랍니다. 그러다가 어느 날 문득, 멋진 디자이너가 되기 위한 길에 들어서 있는 자신을 발견하게 되기를 바랍니다.

수현이의 디자이너 체험기

이나미 선생님을 인터뷰하고, 선생님이 쓰신 글을 읽어 보았다. 그러고
나니 디자인이 무엇인지, 디자이너의 생활이 어떠한지 이전보다 훨씬
더 구체적이고 또렷하게 그려졌다.

그러던 중에 과제 하나가 떨어졌다. 나 스스로 디자이너가 되어
무엇을 만들지 대상을 정하고, 관찰·조사해 직접 디자인까지
해 보는 일이 주어진 것이다. 연습장에 옷이나 머리 모양을
그냥 끼적거리는 것과는 많이 다르겠지만, 걱정보다는 재밌
겠다는 기대감이 컸다. 그래, 해 보는 거다! 하나하나 과
제들을 수행해 나가다 보면 조금은 미숙하고 부족해
도 멋진 디자이너 체험이 되지 않을까?

1. 누구를 위해 디자인할까

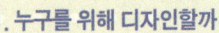

우리는 하루 24시간 가운데 잠자는 시간을 빼면 반 이상을 학교에서 보낸다.
우리 반 아이들이 학교에서 생활하는 데 도움이 될 만한 물건을 만들어 보자.

2. 무엇을, 어떻게 디자인할까

(1) 조사하기 1―아이디어 회의

때 2010년 3월 20일 토요일

장소 우리 반 교실

내용 친구 두 명과 함께 우리 반에 있으면 좋을 물건이 무엇인지 의견을 나누었다.

수현 있잖아, 갑자기 이런 말 해서 재미없을 수도 있겠는데, 혹시 우리 반에 필요한 물건이 있을까?

친구1 특별히 생각나는 건 없는데…… 맞다! 학기 초에 두루마리 휴지들을 가져오잖아. 그것들을 한꺼번에 모아 놓을 수 있는 통 어때? 그런 게 필요할 것 같아.

친구2 에이~ 그건 너무 단순한 것 같아.

수현 단순해도 좋으니까 원하는 물건이 있으면 생각나는 대로 말해 줘~

친구1 그러면, 숙제를 적어 놓는 메모판은 어때?

친구2 식상해, 식상해. 이건 어때? 미니 상담소처럼 선생님한테 말하고 싶은 사항이 있으면 적어 넣어서 고민을 나눌 수 있는 편지함!

수현 그래, 그거 좋겠다! 편지함 모양은 애들이 좀 더 다가가기 쉽게 귀엽고 독창적이면 좋을 것 같아.

친구1 얼마 전에 우리 반 아이들이 책을 한 권씩 가져왔잖아. 그래서 책꽂이가 필요한데, 새로운 모양의 책꽂이는 어때?

수현 그 책꽂이라면 되도록 튼튼해야 할 것 같은데? 애들이 교실 안에서 조용하게 있는 게 아니라 뛰어다니잖아. 아무래도 만들기 까다로울 것 같아…… 지금 생각난 건데, 우리 반 자리표가 아직 제대로 나오지 않았잖아. 자리표를 만드는 것도 나쁘지 않을 것 같아. 모두 40명이니까 한 사람당 한 개씩 40개. 간단한 플라스틱 조각을 만들어서 뺐다 끼웠다 할 수 있게 하면 좋겠다.

친구2 은근 많이 나왔다. 휴지 모음통, 메모판, 미니 상담소 편지함, 책꽂이, 자리표 등등.

수현 그런데 이렇게 모아 놓고 보니까, 다른 반에는 없는 독창적인 편지함이 가장 좋을 것 같아!

(2) 관찰하기

때 2010년 3월 22일 월요일

장소 우리 반 교실

내용 네모난 상자를 임시 편지함으로 만들어, 반 아이들 40명을 대상으로 관찰해 보았다.

● 관찰 기록

아침 임시 편지함을 눈에 잘 띄는 장소에 두고, 아이들에게 편지함의 용도를 알려 줬다.

쉬는 시간 아이들은 호기심을 보이긴 했지만, 상자 안에 상담 쪽지를 넣지는 않았다.

점심시간   상자를 열어 보니 쪽지 몇 개가 들어 있었다. "남들이 보지 않았
으면 좋겠는데 그러기엔 상자가 너무 열기 쉽다" "고민을 쓸 종
이를 스스로 구해서 써야 하는 게 불편하다"는 등의 단점을 지
적하는 내용이었다.

종례 시간   점심때보다 좀 더 많은 쪽지가 있었다. 건의 사항이 적힌 쪽지도
있었고, 반에서 정한 규칙을 어긴 아이들의 이름을 적은 것도 있
었다.

● **관찰에 따른 의견**

임시 편지함에 들어온 쪽지 내용들을 분석해 본 뒤, 디자인할 편지함의 용
도를 세 가지로 정하기로 했다. 선생님께 고민을 써 넣는 상담용, 반 규칙
을 어긴 아이들 이름 쓰기용, 건의 사항 전달용이 그것이다.

쪽지 색깔을 종류별로 갖춰 주었으면 좋겠다고 건의한 아이도 있었다. 그
래서 용도에 따라 세 가지 색상을 준비하고, 여기에 기타 사항을 적을 쪽지
를 추가해 총 네 가지 색상의 종이를 준비하면 좋겠다는 생각이 들었다.

아이들이 아직은 편지함을 약간 어색해하는데, 누구든지 편하게 사용할 수
있도록 더 친근하고 예쁘장한 모양으로 만들면 편지함을 더 많이 이용할
것 같다.

(3) 조사하기 2─여론 조사

때 2010년 3월 29일 월요일

장소 우리 반 교실

내용 편지함의 용도가 정해졌으니, 이제는 어떤 모양으로 어떻게 만들지 정해야 했다. 세 가지 디자인 후보를 종이에 그려 하드보드지에 붙이고, 사용할 대상이 우리 반 아이들인 만큼 반 친구 40명에게 투표를 해 달라고 부탁했다.

투표 방식은 스티커 붙이기로 하고, 그 밖의 의견이 있으면 각각의 디자인 후보 옆에 자유롭게 쓰도록 했다. 참고로 후보 1, 2, 3은 나와 주변 사람들의 의견을 모아 정했다.

후보 1
새집 모양

후보 2
하트 모양

후보 3
주머니 모양

● 투표하기

● **친구들이 써 준 의견들**

	후보 1: 새집 모양	후보 2: 하트 모양	후보 3: 주머니 모양
선택한 이유	– 친근한 모양이어서 (우편함의 모습과 가장 많이 닮았다). – 학급에 달기에 가장 적당한 디자인이다.	– 디자인이 예쁘다.	– 아무 데나 걸기에 편리할 것 같다. – 가벼울 것 같다.
선택하지 않은 이유	– 모서리가 너무 많아서 반 아이들이 교실 안을 돌아다니다가 찔릴 가능성이 있다. – 무거워서 잘 떨어질 것 같다.	– 학급 내에 달기에 모양이 적절하지 않다. – 색깔이 촌스럽다. – 여자 아이들만 좋아할 디자인이다.	– 쉽게 떨어져 버릴 것 같다. – 주머니 안에 쪽지를 넣었을 때 종이가 쉽게 구겨질 것 같다.

● **조사 결과와 디자인 방향 정리**

• 결과

후보 1인 새집 모양이 가장 많은 스티커를 얻어 최종 디자인으로 뽑혔다.

여기에 아이들이 지적한 단점을 보완하여 디자인하기로 했다.

• 보완할 점

1. 편지함 모서리에 조그만 고무를 붙여 찔려도 다치지 않게 한다.

2. 편지함의 재질을 나무로 만들면 좋겠다고 생각했는데, 무게를 줄이기 위해 플라스틱으로 바꾼다.

3. 디자인 계획서를 써 보자

○ 이름: 미니 상담소 편지함
○ 재료: 불투명한 플라스틱. 단, 용도에 따라 색상이 다른 네 가지 종이를 구분
   할 수 있도록 종이를 담는 부분만 투명 플라스틱으로 한다.
○ 크기: 가로, 세로, 높이가 모두 50센티미터 이하로 한다. 너무 크면 무거워서 떨
   어질 수 있으므로.
○ 용도 및 성격: 1) 선생님과의 비밀 상담
          2) 반 규칙을 어긴 아이들 이름 쓰기
          3) 건의 사항
          4) 기타

4. 디자인 도안을 그려 보자

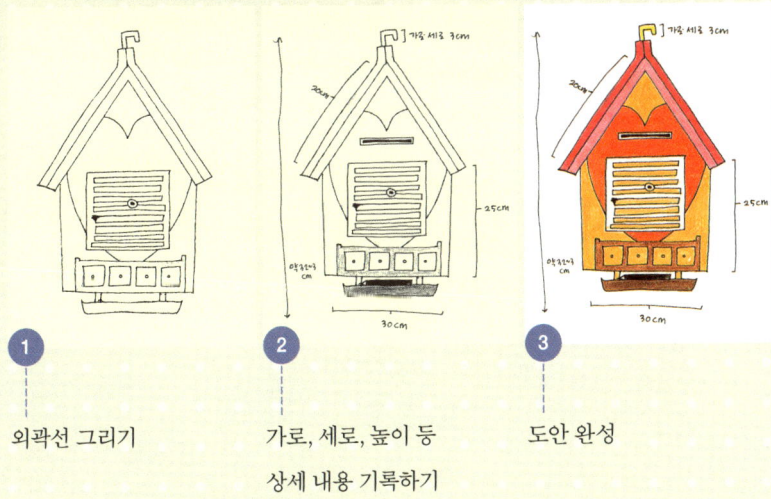

1 외곽선 그리기

2 가로, 세로, 높이 등
  상세 내용 기록하기

3 도안 완성

하나의 디자인을 완성하는 일이 겉보기에는 단숨에 할 수 있는 쉬운 일처럼 보일지도 모르겠다. 적어도 나는 그랬다. 하지만 이번에 직접 디자이너 체험을 하고 보니 쉽지 않았다. 기한을 정해 놓고 그때까지 디자인을 완성해 내야 한다는 것이 정말 힘들었다. 생각은 안 나고, 시간은 빨리 가고…… 무엇보다 완벽한 디자인을 만들지 못하는 것 같아 나 스스로 스트레스를 많이 받았다. 뭔가 더 좋은 아이디어가 있을 것 같은데 충분히 잘 담아 내지 못한 것 같아서 많이 아쉽고 안타깝다.

하지만 한 단계 한 단계 밟아 가며 완성된 디자인을 만들어 냈다는 점에서 큰 보람을 느꼈다. 뭔가를 끝까지 해 보고 이루어 냈다는 생각에 스스로 대견하고 뿌듯하다. 그리고 나도 사람들의 삶을 풍요롭게 해 주는 멋진 디자이너가 될 수 있겠다는 자신감이 생겨 정말 행복하다.

"반 친구들을 위해 도움이 될 만한 물건은 무엇일까?"라는 고민에서 시작한 수현의 디자인 프로젝트는 아주 유용한 작업으로 보이는구나. '무엇을' '왜' '어떻게' 할 것인가의 과정을 차근차근 밟아 나가는 예비 디자이너로서의 자세가 아주 제법인걸.

학교란 여러 친구들이 많은 시간 동안 함께 생활하는 곳이니 크고 작은 문제들이 늘 존재할 거야. 그런 관점에서 수현이 만들기로 결정한 '미니 상담소 편지함'은 매우 큰 의미를 지니고 있다고 생각해. 학교생활을 통해서 발생할 수 있는 여러 문제를 발견하고 해결 방법을 찾아내기 위한 중요한 '의사소통 창구'를 디자인한 셈이라고나 할까.

의사소통 창구를 디자인하려면 먼저 알아야 사항들이 있지. 그중의 하나가 어떤 종류의 의사소통이 필요한가에 대한 것인데, 그 내용을 알아내기 위해 임시 편지함을 설치하여 반 아이들 40명의 반응을 유도하고 관찰한 실험은 매우 훌륭했어. 그것을 실제 사용할 사람들의 생각을 알아보고 그 결과를 디자인에 반영하겠다는 생각은 디자인에 있어서 무척 중요한 태도이지.

편지함의 모양을 새집 모양과 하트 모양, 주머니 모양 세 가지로 제안하여 친구들의 의견을 다시 물었던 것도 좋았어. 최종 디자인을 정하기 위한 다수결 투표라는 차원을 넘어, 자기가 한 디자인에 대해 사람들의 다양한 의견을 들어 볼 수 있다는 점에서 매우 흥미로운 공부가 되었을 거야. 사람들이 저마다 다 다르고도 가치 있는 의견을 지니고 있다는 점, 참 놀랍지 않아? 그런 모든 디자인의 과정을 통하여 용도와 성격, 모양과 색상, 재질 등을 고민한 끝에 모두에게 친근하게 다가갈 수 있는 새집 모양의 미니 상담소 편지함이 탄생했으니, 정말 근사한 디자인 프로젝트였어.

다만 한 가지, 그 과정에서 좀 더 깊은 생각을 나누었으면 좋았겠다 싶은 부분이 있어. 임시 편지함에 들어 있는 쪽지들을 분석해 본 결과, 편지함의 용도를 세 가지로 하기로 결정했다고 했지. 그런데 그중 '반 규칙을 어긴 아이들 이름 쓰기용'에 대해서 어떻게 생각해? 이 말인즉슨 '선생님께 일러바치기용'이라는 건데, 규칙을 어긴 아이들을 제재하기 위한 더 자치적이고 자발적인 방법까지 '디자인'해 볼 수는 없었을까? 미니 상담소 편지함을 디자인한 근본적 이유가 학교생활 속에 놓인 문제들을 더 적극적으로 찾아내고, 그 문제를 해결해 나가겠다는 데 있는 것이니 말이야.

보이는 것만이 아니라 보이지 않는 것까지 대상으로 한 디자인이 세상을 좀 더 아름답게 만들어 갈 수 있을 것이라는 생각, 함께 해 보았으면 좋겠다.

솔이의 근현대디자인박물관 방문기

오늘은 바로 근현대디자인박물관에 가기로 한 날! 발걸음이 가볍다. 룰루
랄라~ ♬ 홍대입구역에서 내려 5번 출구로 나와 홍대 정문을 지나고도 한
참을 걸었다. 얼마나 걸었을까? 언덕을 올라 드디어 박물관 도착!
근현대디자인박물관(www.designmuseum.or.kr)의 1층은 카페이고, 2,
3층이 박물관 전시실이다. 여기에 우리나라 근현대 디자인 관련
자료들이 전시되어 있다는데, 생각했던 것보다 규모는 크지
않았다. 그런데 이 박물관에 있는 모든 전시물을 박암종 관장
님 혼자서 모으셨다니, 정말 놀랍다! o_o 수집하는 데 적어도
몇 십 년은 걸렸을 것 같은데…… 카페를 지나 2층으로
올라갔다. "어, 이게 뭐예요?"
"응, 방명록. 솔이가 왔다 갔다는 흔적을 남기면 되겠네."
나는 거기에 내 이름과 이메일 주소를 썼다. *^^*

① 제1관 태동기,
1876~1910

세계 근대 문화가
우리나라에 들어온 시기

앗, 저기 보이는 건……! 우리나라의

옛날 태극기다. 이 시기에 들어와서야 비로소 태극기가 국기가 되었다고 한다. 나는 지금의 태극기가 원래부터 그런 모양인 줄 알았는데, 처음에는 태극 문양이 저렇게 뺑~글뺑글했었다니! 그뿐이 아니다. 지금의 파란색 부분이 초록색인 것도 있고, 세로로 긴 태극기도 있었다. 그러고 보면 디자인은 시대에 따라 확확 변하는 것 같다.

구한말 왕들의 사진이 담긴 엽서, 당시의 풍습과 생활상을 엿볼 수 있는 엽서도 흥미로운 볼거리!

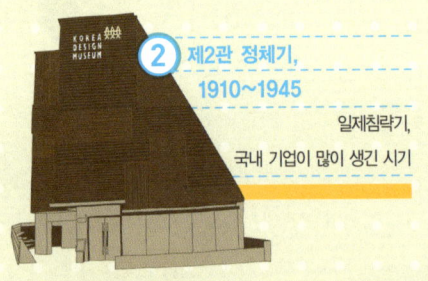

② 제2관 정체기, 1910~1945

일제침략기, 국내 기업이 많이 생긴 시기

일본의 지배를 받았던 때라 전시물도 우울한 분위기일 줄 알았는데, 나의 예상은 보기 좋게 빗나갔다. 응? 이게 뭐지? 우아, 예쁘다. 나무판에다 그림을 그렸네? 액자인가? 헉, 엽서다! 통나무를 잘라 앞면에는 그림을 그리고 뒷면에는 우표 붙이는 곳과 글을 쓸 수 있는 곳을 만들어 편지지처럼 사용했단다. 옛날 사람들도 예쁜 것을 받으면 기분이 좋았나 보다. 게다가 반가운 소식까지 담겨 있으니 일석이조였겠다.

지금 이걸 떼어다가 우체통에다 넣으면 어떻게 될까? 말도 안 되는 썰렁한 상상을 하고 있자니 괜히 웃음이 났다. 흐흐. 한쪽에 '책상용 소녀 그림 달력'이라고 소개된 달력이 눈에 들어왔다. 정말 예

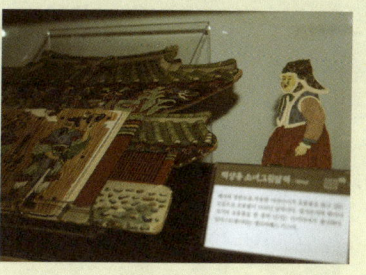

쁘고 색감도 좋았다. 엘리자베스 키스라는 영국 화가가 그린 것이란다. 사진에서는 안내글에 가려 안 보이시만 여지 아이가 든 초롱불을 한 장 넘기면 1934년 달력이 나온다는데, 정말 참신하고 기발했다. 직접 넘겨 볼 수 없는 게 너무 아쉬울 따름! ㅡ,.ㅡ;;

완전 재미난 것 발견!!! 이름은 '박가분'. 이 시대 유명 메이커 화장품이었다는데, 그 아래에 있는 것을 자세히 보시라~ '촌가분'이다. 소위 말하는 짝.퉁.이다! 얼핏 보면 그게 그거로 보일 정도로 글자 모양이나 상자 디자인이 매우 비슷하다. 요즘도 유명 메이커의 글자나 모양을 살짝 바꾸어 파는 이미테이션 상품들이 많은데, 그 옛날에도 그랬

다니 정말 웃기고 재미있다.

이것은!! 지금도 텔레비전 광고에 나오는 가스활명수 아닌가! 부채표 가스활명수는 만든 지 112년이나 됐고, 구한말 왕들도 마셨다고 한다. 하긴 왕도 소화가 안 될 때가 있을 테니까…… ㅋㅋ 무엇보다 놀라운 것은 이것을 팔아 우리나라 독립운동 자금

을 댔다는 사실이다. 소화제 하나에도 이렇게 깊은 역사가 있다니, 신기하고 놀랍다. ^0^

2관을 막 나오는데 박물관에서 선정한 '이달의 인물' 포스터가 보였다. 그분은 바로 이상. 나는 처음 들어 본 이름인데, 시인이자 건축가라고 한다. 아래쪽으로 이상 선생님이 디자인한 책 표지가 눈에 들어왔다. 요즘 책 표지라고 해도 믿을 만큼 멋있었다. 오~~ ^0^

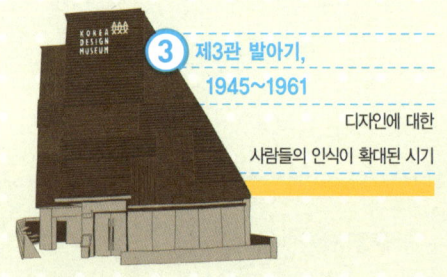

③ 제3관 발아기,
1945~1961
디자인에 대한
사람들의 인식이 확대된 시기

3층으로 올라갔다. 드디어 내가 조금 알 것 같기도 한 1960년대다.(참고로 난 1996년생이다. ㅎㅎ ^-^;;) 교과서가 보인다! 으~ 디자인 박물관에서까지 교과서를 볼 줄이야!! @.@ 저기 보이는 과학부도는 초등학교 4, 5, 6학년 겸용이라고 씌어 있는데, 내가 초등학생 때 공부했던 사회과부도처럼 참 오래도 쓴다. 조금 더 가니 예전 아이들이 쓰던 공책이 보였다. 국어 공책도 있고, 셈본 공책은 수학 공책 같은데 저기 저 어린아이들은 물고기를 세고 있는 건가? 흐흐~ 2관에 있는 전시물들과 비교해 보면 30년 정도 차이가 나는 건데, 색감이 확 다르다. 역시 세상은 빨리 돌아간다.

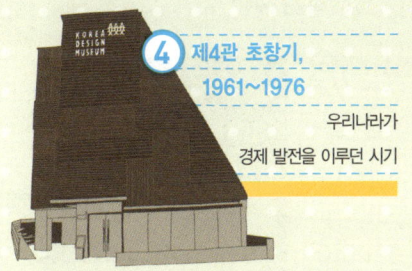

4 제4관 초창기,
1961~1976

우리나라가
경제 발전을 이루던 시기

4관에는 다양한 전자 제품들이 전시되어 있었다. 옛날을 배경으로 한 드라마에서 자주 보던 것들이 여기 다 있네? 컴퓨터 키보드와 비슷하게 생긴 한글 타자기와 국내 최초의 자동 전화기가 눈길을 끌었다. 최초의 국산 흑백 텔레비전도 흥미로웠다. 요즘 거랑 생김새는 비슷한

데 다리가 있다. 왜일까? 또 엘피판과 턴테이블이 있었는데, 난 사실 처음 봤다! 왠지 지금 쓰는 라디오보다 훨씬 멋있는 것 같다.

뾰로롱! 여기는 5관입니다~^^ 체스 놀이처럼 보이는 장난감이 가장 먼저 눈에 띄었는데, 이것은 아빠 어릴 적에 유행하던 장난감이란다. 저걸 가지고 노는 아빠의 모습을 상상할 수가 없다!! +_+ ㅋㅋ 『똘이 장군』이라는 웃긴 제목의 만화책도 있다. 카세트 라디오도 보이는데, 이

렇게 큰 카세트가 휴대용이라니! 어디 한번 들어볼까, 하다가 전시관 내 전시물은 만지지 못하게 되어 있어 시늉만 했다. @.@;;

분홍색 전화기는 4관에서 봤던 전화기에 비해 훨

씬 더 요즘 것과 닮았다. 아빠도 이 전화기와 똑같은 것을 쓰셨다는데 점점 더 우리 세대와 가까워지는 것 같아 친근하게 느껴진다. 히히~ *^^*

5관 전시대 한쪽에는 유리로 된 서울우유 통이 놓여 있었는데 신기했다. 지금 내가 먹는 우유 통은 종이나 플라스틱으로 만들어져 있는데…… 아빠는 유리병으로 만든 우유 제품도 찾아보면 분명히 팔거라고 했지만 나는 오늘 처음 봤다!

어느새 6관이다. 관람 전에 안내문 읽기는 필수! 이때는 한국만의 디자인을 찾고 디자인의 국제화를 이루려고 한 시기라고 한다.

"아빠, 이게 뭐예요?"

"우아! 이걸 여기서 다 보네~ 삐삐야, 삐삐."

1990년대에 사람들은 삐삐 번호로 전화를 걸어 전화번호나 음성을 남겨 연락을 주고받았다고 한다. 나중에는 숫자로 간단히 의미를 전달하기도 했단다. 빨리 오라고 할 때는 8282, 사랑한다고 할 때는 38317. 이걸 뒤집어서 보면 독일어로 LIEBE, 즉 '사랑해'라는 뜻이라나 뭐라나…… 괜히 손발이 오글거린다. 흠흠~

6관에서는 옛날 휴대폰이 한자리에 모여 있어 휴대폰 기기의 변화를 한눈에 볼 수 있다. 아래쪽에는 컴퓨터가 여러 대 있었다. 지금이랑 같은 건 키보드뿐이지만 이때도 정말 세련되고 멋져 보였다. 단점이라면 좀 통통하다는 거 정도? 흐흐 ^^

7 제7관 성숙기,
2000~

세계로 뻗어가는
한국 디자인

드디어 현대로 왔다. 2000년도에 들어서는
여러 세계 디자인 대회를 서울에서 개최했
다고 한다. 오~ 대단한걸?

한쪽에는 'Be the Reds!' 티셔츠가 얌전히 개켜

있었다. 2002년 월드컵 때가 떠올랐다. "대~한

민국! 짝짝짝짝짝!" 붉은 악마의 함성! 당시 이

빨간 티셔츠는 불티나게 팔렸는데, 디자인한 사

람은 제대로 디자인비를 못 받았다고 한다. 쩝.

전시실을 다 둘러보고 박물관을 나와서 엄마, 아빠와 한 컷!

근현대디자인박물관에 오길 참 잘했

다. 조선 시대 말부터 현대에 이르기

까지 한국 디자인과 제품에 어떤 변화

가 있었는지 우리나라 근현대 디자인

의 역사를 한눈에 볼 수 있어서 좋았

고, 디자인이라는 것이 멀리 있는 것이 아니라 우리 생활 곳곳에 녹아들어 있

는 것이라는 점을 알게 되어 좋았고, 디자인이 꼭 예뻐야만 하는 것이 아니라

는 것을 알게 되어 좋았다. 우리 한국이 그동안 얼마나 발전했는지 직접 볼 수

있다는 점은 이곳의 가장 큰 매력인 것 같다.

디자이너 선생님을 인터뷰하고 이렇게 박물관도 돌아보고 나니, 디자인에 대해 점점 더 흥미가 생기고 궁금해진다. 앞으로 더 많은 디자인 박물관과 전시회를 찾아서 가 봐야겠다는 생각을 하면서 박물관을 나섰다.

to.
솔이에게

우리의 지나간 삶 속에 포함되어 있던 다양한 디자인의 모습을 통해 솔이가 디자인에 대해 점점 더 흥미를 가지게 되었다니 반가운 일이네. 솔이가 보았듯 디자인이란 우리 생활과 동떨어진 곳에 홀로 존재할 수 있는 것이 아니지. 디자인이 꼭 예뻐야만 하는 것이 아니라는 말은, 과거의 디자인에도 세련되지는 않지만 뭔가 인간미가 느껴지는 매력이 있다는 말이겠지? 그렇다면 '촌스럽다'고만 생각했던 과거 우리의 문화를 통해 우리만의 개성을 지닌 디자인을 만들어 낼 수도 있다는 점에 관심을 가질 수 있을 것 같아.

또 솔이가 생각한 대로 좀 더 다양한 디자인 박물관과 전시회를 찾아보길 바라. 관련 도서를 찾아 읽는 것도 좋겠지. 무엇보다 우리의 지난 삶 속에는 우리의 문화가 깃들어 있고, 우리 문화에 대한 애정 어린 관심은 우리만의 정체성을 지닌 멋진 디자인을 탄생시킨다는 사실을 잊지 말자. 그래서 더 많이 알고 느끼고, 더욱 깊어진 생각을 하는 멋진 솔이의 모습을 기대한다.

관 련 도 서 Books

나의 디자인 이야기

이나미 지음, 마음산책 2005

마음을 움직이는 디자인이란 무엇인가

홍익대 시각디자인과에서 공부하던 무렵 저자는 디자이너로서 좀 더 능동적으로 자기 생각을 펼치기 위한 길이 무엇인가를 고민하였다. 그 길을 찾기 위해 유학을 결심, 미국의 디자인 명문 학교 아트센터 칼리지 오브 디자인(Art Center College of Design)에 입학해 1학년부터 다시 공부한다. 거기서부터 '마음을 움직이는 디자인'에 대한 새로운 고민을 시작하게 되었고, 학부와 대학원 과정을 거치며 '책'을 만드는 일에 관심을 갖게 된다. 귀국 후 저자는 '북 프로듀서'라는 새로

운 타이틀로 자신을 소개하며 실험적인 책들을 프로듀싱하
는 한편, 아모레퍼시픽, 일민미술관, 삼성문화재단 등 기업
의 홍보와 관련한 다양한 디자인 분야에서 활동하며 디자
이너로서 꿈꿀 수 있는 새로운 장르를 개척해 나간다. 그리
고 지금 '실험적 작업'과 '상업적 성공'이라는 두 마리의 토
끼를 잡았다는 평가를 듣는 스튜디오 바프에서 다시 "디자
인이란 무엇인가"라는 질문을 던진다. '디자인이란 무엇인
지, 디자이너로 산다는 것은 어떤 것인지' 현역 디자이너의
진솔한 이야기를 들을 수 있는 책이다.

디자이너가 말하는 디자이너

오준식 외 지음, 부키 2005

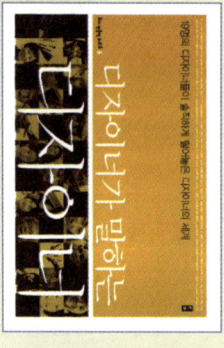

다양한 분야의 디자인 전문가들에
게 직접 듣는 디자이너의 세계
그래픽 디자인, 제품 디자인, 공간
디자인, 의상 디자인 등 세분화된
각 분야의 디자이너들로부터 직
접 디자이너의 세계에 대해서 들
을 수 있다. 디자이너들의 실제 생활은 어떤지, 디자이너는

돈을 얼마나 버는지, 실력을 갖추려면 어떤 자질이 필요한지 등을 19명의 디자이너들이 경험담을 통해 들려준다. 또 주얼리 디자인, 프로덕션 디자인, 보도 그래픽 디자인 등 잘 알려지지 않은 분야에서 일하는 디자이너들의 이야기도 들을 수 있다.

핀란드 디자인 산책

안애경 지음, 나무수 2009

간결하고 배려심 깊은 핀란드 디자인 이야기

일상에서 늘 볼 수 있는 것들이 간결하면서도 편리하고 아름답다. 인간과 사회 그리고 환경까지 생각하고 배려한다. 이 두 가지가 핀란드 디자인의 가장 큰 특징이며, 세계가 핀란드의 디자인을 주목하는 이유다. 이런 핀란드의 디자인은 어디서 비롯되었을까? 저자는 그 답을 먼저 기후와 지리적 조건에서 찾는다. 핀란드는 겨울이 길고 추우며 눈이 많이 오기 때문에 실내 생활을 많이 할 수밖에 없다. 이런 이유로 핀란드 사람들은 자연히 가구, 가전제품처럼 실내에서 자주 쓰는 물건을 고를 때 편리하면서도 아름다워, 질리지 않고 오랫동안 만족스럽게 사용할 수 있는 것을 택한다. 이것이 간결하면서도 아름다운 핀란드만의 디자인을 낳았다. 또 자연과 이웃과의 조화를 생각하는 핀란드의 사회와 문화는 시민을 배려한 공원, 어린이들의 상상력을 키우되 안전을 최우선으로 하는 놀이 기구, 벤치·교통수단·표지판 등 시민과 자연 모두를 배려한 친환경적 도시 디자인으로 이어졌다. 핀란드 디자인을 보면서 사회와 자연을 생각하는 디자인은 어떤 것인지 생각해 볼 수 있는 책이다.

나, 건축가 안도 다다오 — 한줄기 희망의 빛으로 세상을 지어라

안도 다다오 지음, 안그라픽스 2009

건축가 안도 다다오의 삶과 작품이야기

건축계의 거장이자 '천재 예술가', '투쟁적인 예술가', 콘크리트를 좋아하는 건축가로 널리 알려진 안도 다다오의 자서전이다. 창문 하나 없이 콘크리트로 꽉 막힌 주택, 옥상에 연꽃 연못을 둔 법당, 십자가를 물 위에 띄운 '물의 교회' 등 안도 다다오가 디자인해 세계적으로 널리 알려진 건

축물들은 하나같이 얼핏 보기엔
그리 특별할 것이 없어 보인다.
하지만 안쪽의 공간을 자세히 들
여다보면 사람들에 대한 배려를
느낄 수 있다. 이 책에서 안도 다
다오는 프로 권투 선수 생활을 접

고 혼자 공부하여 건축가가 된 사신의 삶을 들려주고, 자신
의 대표적인 작품들을 어떻게 디자인했는지 이야기한다.
무엇인가를 짓는다는 것은 어떤 일인지, 이에 대한 고민이
어떻게 아이디어를 낳고 구체적인 건축물로 표현되는지를
거장의 목소리를 통해 접할 수 있다.

디자이너 생각 위를 걷다

나가오카 겐메이 지음, 안그라픽스 2009

새활용 가게를 운영하며 새로운 디자인을 고민하는 디자이
너 이야기

일본에서 디자인과 재활용을 융합한 독특한 점포를 운영하
고 있는 디자이너, 나가오카 겐메이가 직접 기록한 디자인
과 경영에 대한 이야기다. 나가오카 겐메이는 수많은 물건

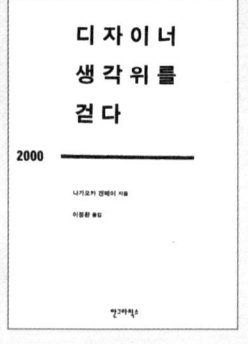

디 자 이 너
생 각 위 를
걷 다

2000 _____

나가오카 겐메이 지음
이정환 옮김

안그라픽스

들이 곧장 쓸모없는 쓰레기가 되어 버리는 현실을 반성하며, 새로운 디자인이란 어떠해야 하는지 고민하기 시작했다. 그로부터 탄생한 것이 바로 지금 운영하고 있는 재활용 가게다. 디자인은 단지 소비와 소모를 위한 미끼가 아니라 생활을 위한 도구이며 생활의 일부라는 신념을 재활용 가게를 열고 운영하면서 실천하고 있다. 이와 더불어 디자이너도 다른 직업인과 마찬가지로 성실과 인내 같은 마음가짐이 없다면 해 나갈 수 없는 일임을 경험담을 통해 들려준다.

이 책 외에도 저자의 디자인 철학을 만나 볼 수 있는 책이 두 권 더 있다. 『디자인하지 않는 디자이너』(아트북스 2010)에는 버려진 중고품을 발굴하여 판매하는 '디앤디파트먼트 프로젝트(D&DEPARTMENT PROJECT)', 도시와 지역의 디자인을 함께 성장시키는 '니폰 프로젝트(NIPPON PROJECT)', 일본의 1960년대 제품을 리브랜딩하는 '60비전(60VISION)', 디자인계 거장들의 육성 인터뷰를 CD로 제작하는 '비전'드 보이스(VISION'D VOICE)' 등 저자가 8년간 진행한 프로젝트가 소개되어 있다. 『디자이너 함께하며 걷다』(안그라픽스 2009)

에서는 자신이 살고 있는 나라의 디자인을 지키기 위한 저
자의 고민을 들을 수 있다.

디자인을 공부하는 사람들을 위하여

시마다 아쓰시 편저, 디자인하우스 2003

디자인 전반에 관한 이야기

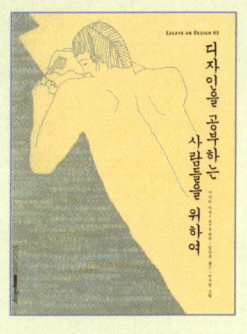

디자이너들은 어떤 문제와 고민
을 가지고 일할까? 이 책에는 건
축가 안도 다다오, 그래픽 디자이
너 가쓰이 미쓰오, 소니의 대표이
사를 지낸 구로키 야스오처럼 세
계적으로 인정받는 일본 디자이너들을 편저자가 직접 인터
뷰한 내용이 담겨 있다. 인터뷰에서는 디자인의 대가들이
경험한 일들을 생생하게 들을 수 있다. 또 디자인이란 직업
을 역사적으로 살핀 글을 비롯해 그래픽 디자인, 인테리어
디자인, 산업 디자인 등을 다룬 15편의 글이 실려 있다. 디
자인 전반을 폭넓게 이해할 수 있는 책이다.

유쾌한 이노베이션

톰 캘리 외 지음, 세종서적 2002

세계적인 디자인 회사 아이디오 이야기

아이디오(IDEO)는 세계적인 기업들의 디자인을 맡아 애플 컴퓨터의 마우스, 폴라로이드 카메라 등 각종 히트 상품을 만들어 낸 최고의 디자인 회사다. 미국의 한 방송국에서 아이디오의 성공 비결을 소개하는 프로그램을 만들기 위해, 아이디오에 일주일의 시간을 주고 혁신적인 제품 제작을 의뢰했다. 이 책은 아이디오가 방송국의 의뢰를 받아 제품을 만드는 과정을 보여 주면서, 아이디오가 어떻게 해서 최고의 디자인 회사라는 명성을 얻게 되었는지를 설명하고 있다. 아이디오는 고객으로부터 디자인을 주문받으면 그와 관련된 여러 방면의 전문가들을 모아 팀을 구성한다. 예를 들어 새로운 자전거 디자인을 주문받으면 역사학자, 생물학자, 제품 디자이너, 사회학자 등 다양한 전문가들이 모이는 식이다. 이렇게 꾸려진 전문가 팀은 현장에 나가 관찰하고, 관찰한 내용을 토대로 자유로운 토론을 해 아이디어를 모으는 브레인스토밍을 한다. 여기서 나온 아이디어들로 가상 모델들을 만들고, 다양한 각도에서 수정한다. 이렇게 해서 만들어진 디자인들을 다시 고객의 주문에 적합한 몇 가지로 압축하고, 그 가운데 최선의 답이 될 수 있는 것을 하나 고른다. 아이디오의 이러한 디자인 과정은 디자인이란 예쁘고 눈에 띄게 만드는 것 이상의, 전체적인 시각을 가진 고민이 필요한 작업임을 잘 보여 준다.

코코 샤넬

앙리 지델 지음, 작가정신 2008

여성의 몸을 속옷의 속박으로부터 해방한 패션 디자이너, 가브리엘 샤넬의 이야기

19세기 말 서양에서 여성은 코르셋으로 허리를 조이고, 여러 겹의 속옷으로 치마를 부풀리고, 심을 넣어서 선을 빳빳하게 해야 비로소 외출할 수 있었다. 샤넬

은 이러한 여성의 옷을 거부하고, 자연스럽고 단순한 옷을 디자인해 여성 패션을 완전히 바꿔 놓았다. 샤넬이 만든 브랜드는 유명하고 화려한 명품이 되었지만 샤넬의 삶은 화려하기만 한 것은 아니었다. 아버지에게 버림을 받고 고아원에서 자란 샤넬의 어린 시절은 암울했다. 고아원을 나온 후에는 술집에서 노래를 부르며 겨우 생계를 이어갔는데, 그때 부르던 노래에서 '코코'라는 별명을 얻었고 그 별명이 이후 가브리엘이란 본명보다 널리 알려졌다. 하지만 샤넬에게는 열정과 뚝심이 있었다. 샤넬은 한 번 생각이 떠올라 작업을 시작하면 8~9시간을 내리 일만 하는 것으로 유명했다. 사치한 생활로 악명을 얻기도 하고, 사람들에게 잘 속아서 사기당하는 일도 많았지만 샤넬은 이 열정과 뚝심으로 1, 2차 세계대전의 회오리와 어려움을 이겨 내고 세계 패션계의 전설적인 브랜드를 만들어 냈다. 한 시대를 이끌어 간 디자이너가 어떻게 탄생했는지를 잘 보여 주는 책이다.

마크 제이콥스 & 루이비통

감독: 로이크 페리겐트, 출연: 마크 제이콥스, 2007

패션 디자이너 마크 제이콥스의 이야기

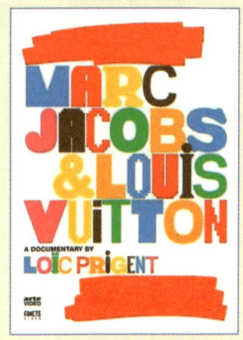

미국의 패션 디자이너로서는 처음으로 프랑스의 명품 패션 브랜드 루이비통의 수석 디자이너가 된 마크 제이콥스의 이야기다. 영화는 마크 제이콥스가 루이비통을 위한 새로운 디자인을 준비하는 과정과, 자신의 이름으로 열리는 패션쇼들을 진행하는 과정을 자세히 보여 준다. 새로운 디자인을 위해 아이디어를 개발하고, 그 아이디어를 실현하기 위해 소재부터 완성된 모습까지 구체적으로 계획하고, 그 계획에 따라 시제품을 만들고, 고치고, 완성한 후 패션쇼에서 마지막 모델이 런웨이에 서기까지 숨 가쁘게 진행되는 모든 과정을 사실적으로 보여 준다. 또 루이비통 수석 디자이너로서 루이비통만의 전통 위에 참신하고 독특한 변화를 준 디자인을 만들어 가는 과정도 패션쇼의 과정과 엇갈리며 나온다. 마크 제이콥스는 새로운 디자인을 고민할 때 세계 각지의 각종 전시회를 돌아보고 예술가들을 만나는 일을 가장 중요하게 생각한다. 세상의 모든 디자인은 이미 존재하는 다른 예술과 디자인과 문화와 영향을 주고받으며 탄생한다고 생각하기 때문이다. 마크 제이콥스의 이러한 생각을 생생한 현장의 모습을 통해 느낄 수 있다.

모두의 집

감독: 미타니 고키, 출연: 가라사와 도시아키, 2001

한 부부가 평생 살 집을 짓기 위해 겪는 좌충우돌 이야기

한 시나리오 작가가 아내와 평생 살 집을 짓기로 하고 젊은 인테리어 디자이너에게 집의 설계를 맡긴다. 그 디자이너는 건축 설계가 처음이긴 하지만 세계의 다양한 건축 양식을 잘 알고 있고, 최신 유행에 민감하기 때문이다. 그리고 설계에 따라 집을 짓는 일은 아내의 아버지에게 맡겼다. 아

버지는 평생 튼튼한 집을 지어 온
노련한 현장 전문가라서 믿을 수
있기 때문이다. 오랜만에 일을 맡
게 된 데다, 다름 아닌 딸의 집을
짓는 일이라서 아버지는 생애 최
고의 공사를 하겠다는 의욕을 불
태우며 함께 일했던 동료들을 불러 모은나. 뛰어난 디자인
실력을 갖췄지만 현장 경험이 없는 디자이너와, 현장 경험
은 그 누구에게도 뒤지지 않지만 디자인에 관한 이야기는
거의 알아듣지 못하는 아버지. 이 두 사람의 공통점은 완벽
함에 대한 완고함뿐이다. 전통과 현대, 디자인과 현장이 어
떻게 부딪치고 서로를 이해하며 하나의 완성품을 만들어
가는지를 코믹하게 보여 주는 영화다.

미스 포터

감독: 크리스 누난, 출연: 르네 젤위거, 이완 맥그리거, 2007

'피터 래빗'을 디자인한 베아트릭스 포터의 이야기

19세기 영국에서 태어난 베아트릭스 포터는 어릴 때부터
여느 여자 아이들과 달랐다. 유달리 동물을 좋아했던 그녀

는 토끼는 물론 다른 여자 아이들이라면 끔찍하게 여길 쥐, 도마뱀 등 온갖 동물을 기르며 관찰하길 즐겼다. 그러던 중 동물들에게 저마다 특징이 있음을 발견한 그녀는 그 특징들을 사람에 비유해 재미있는 캐릭터들을 만들어 냈다. 잘 삐치고 장난기 많은 토끼는 개구쟁이 남자 아이로, 착하고 단순한 오리는 귀여운 여자 아이로, 욕심 많은 돼지는 나쁜 아저씨로. 이렇게 만든 귀여운 동물 캐릭터로 동화를 만들어 출판하려 했지만 당시 영국은 젊은 여자의 동화책에는 관심을 보이지 않았다. 하지만 딱 한 사람, 노먼 워른은 베아트릭스의 재능을 알아보고 동화를 출판하기 위해 그녀를 만나러 온다. 그렇게 처음 만난 두 사람은 사랑에 빠지지만 사회는 두 사람의 신분 차이를 곱게 보지 않았다. 하지만 베아트릭스는 노먼과 『피터 래빗 이야기』를 출간하고, 그와의 사랑도 지키고자 한다. 시대의 고정관념에 얽매이지 않고 자신의 모든 것을 믿어 준 노먼에 대한 사랑과 자연에 대한 사랑을 지켜 냈던 뛰어난 작가이자 화가 베아트릭스 포터의 삶을 볼 수 있는 영화다.

셉템버 이슈

감독: R. J. 커틀러, 출연: 안나 윈투어, 2009

세계적으로 유명한 패션 잡지 편집장, 안나 윈투어의 이야기

미국의 패션 잡지 『보그』의 편집장 안나 윈투어는 세계 패션계에서 매우 영향력 있는 인물 중 한 사람이다. 20년 동안 『보그』의 편집장을 맡으면서 거대한 패션업계를 좌지우지해 왔기 때문이다. 영화는 이 잡지의 9월호를 만드는 과정을 실감 나게 보여 준다. 9월은 패션계에서는 한 해의 시작이나 마찬가지인 가장 중요한 시기이다. 그렇기 때문에 『보그』의 9월호를 준비하는 데에는 몇 개월이란 시간과 수많은 사람들의 노력이 쏟아 부어진다. 끝도 없는 회의, 갑작스럽게 생기는 문제들, 마감을 맞추기 위한 긴장감, 가차 없는 안나 윈투어의 판단에 따라 폐기 처분되는 수많은 기사들, 기사가 '잘린' 사람들의 날카로운 신경전 등이 생생하게 담겨 있다. 이렇게 기사를 만들어 가는 과정은 참으로 고된 노동이다. 참신한 아이디어, 창의적인 결과물이라는 것이 실제로는 고된 노동을 견디고, 용기를 꺾어 버리는 비판을 딛고 일어서야 탄생하는 것임을 잘 보여 주는 다큐멘터리다.

오브젝티파이드

감독: 게리 허스트윗, 출연: 조너선 아이브, 2009

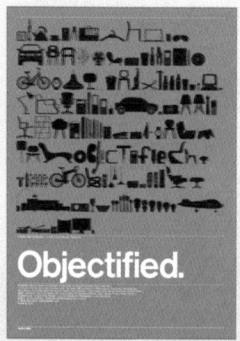

우리 시대 최고의 디자이너들이 말하는 "디자인이란 무엇인가?" 하나의 물건이 디자인되고, 만들어지고, 판매상을 거쳐 주인의 손에 이르기까지는 어떤 일들을 거치는 것일까? 「오브젝티파이드」는 다큐멘터리 영화로, 애플의 아이팟, 아이맥, 아이북 등을 디자인한 조너선 아이브, 디자인 민주주의를 외치는 카림 라시드, 부드러운 선으로만 이루어진 디자인으로 유명한 마크 뉴슨 등 우리 시대를 대표하는 최고의 디자이너들이 직접 나와 이러한 질문에 대한 답을 준다. 또 디자인 작업에 얽힌 여러 가지 일들, 디자인이 우리의 삶에 어떤 영향을 주는지와 같은 이야기도 들려준다. 이들의 솔직한 이야기들은 디자인이 얼마나 우리 생활 속 깊숙이 자리 잡고 있는지, 디자이너들은 어떤 생각을 갖고 사는지, 좋은 디자인은 우리 사회에 어떤 역할을 하는지 생각해 보게 한다. 제목 '오브젝티파이드(objectified)'는 '대상화된, 구체화된'이란 뜻이다.

헬베티카

감독: 게리 허스트윗, 출연: 마이클 비에룻, 2007

영문 글씨체 '헬베티카' 이야기

영문 글씨체의 하나인 '헬베티카'는 1957년에 그리 유명하지 않은 한 스위스 디자이너가 만든 것으로, 당시만 해도 크게 주목받지 못했다. 그러나 50여 년이 지나는 동안 여러 디자이너들의 수정과 비판을 거치면서 다듬어졌고, 세계에서 매우 널리 쓰이는 글씨체가 되었다. 지금은 전 세계 수백만 명의 사람들이 매일 헬베티카를 보고 사용한다. 영화는 "무엇이 이 글씨체가 이토록 널리 쓰이게 만들었을까?"라는 질문을 가지고, 현재 세계 디자인의 흐름에 커다란 영향을 끼치고 있는 70여 명의 디자이너와 디자인 관련 전문가 들을 만난다. 이들과의 인터뷰를 보다 보면 이 단순한 글씨체에 그래픽 디자인은 물론, 현대 시각 문화의 다양한 역량과 생각 들이 녹아들어 있음을 알 수 있다. 이와 더불어 디자이너들이 어떤 생각과 기준을 가지고 글씨체를 선택하고 사용하는지도 엿볼 수 있다. 「오브젝티파이드」를 만든 게리 허스트윗의 작품으로, 다큐멘터리 영화다.

관 련 정 보 Information

디자인 분야별 학과 정보

*다음의 디자인 분야는 한국교육개발원의 2009년 학과(전공) 분류 자료집을 따랐다.

디자인 일반

디자인 전반에 대한 이론과 실기를 배운다. 과목으로는 디자인론, 기초 시각·공업 디자인, 인간공학, 색채학 등이 있다.

관련 학과 디자인학과, 디자인공학과 등

산업 디자인 분야

공업 디자인이라고도 하며, 산업에 의해 대량생산되는 제품의 디자인과 관련한 이론 및 실제 표현 방법을 공부한다. 조형예술·과학 기술·사회학·경제학·미학·철학·심리학·환경공학 등과의 연관 속에서 제품의 디자인 개발과 관련한 지식과 방법을 다룬다.

관련 학과 산업디자인과, 산업디자인학과 등

시각 디자인 분야

그래픽 디자인(Graphic Design)이라고도 한다. 여러 가지 목적의 정보를 시각적으로 디자인해 대중에게 전달, 수용자의 태도나 행동에 영향을 끼치는 디자인 분야다. 광고 디자인, 패키지 디자인, 출판 디자인, 타이포그래피, 컴퓨터 그래픽, 애니메이션, 웹 디자인 일러스트레이션, 캐릭터 디자인, 영상 디자인, 사진 디자인 등이 속한다.

관련 학과 시각디자인과, 시각디자인학과, 시각멀티미디어디자인학과, 시각정보디자인학과, 공업디자인학과 등

패션 디자인 분야

의류 산업과 관련된 학문 이론부터 의상을 구성하는 디자인 요소, 실제 제작 과정 등을 체계적으로 배우며 실습한다.

관련 학과 의상디자인학과, 패션디자인학과 등

기타

산업·시각·패션 디자인 분야 외에도 건축, 조경, 인테리

어, 가구, 공예, 공공 디자인 등 다양한 디자인이 있으며, 각 디자인의 특징에 따라 특화된 학문을 배울 수 있다.

관련 학과 건축학과, 가구디자인학과, 공예디자인학과, 섬유디자인전공, 실내디자인학과 등

디자인 관련 학과가 있는 대학교 _ 국·공립대학은 파란색 표시

*자료 출처: 교육과학기술부 집계 2010학년도 대학별 입학 정원 현황

강원

학교	학과
강릉원주대학교 강릉캠퍼스	환경조경학과
강릉원주대학교 원주캠퍼스	의상디자인학과
강원대학교 삼척캠퍼스	건축학과(5년), 산업디자인학과, 문화상품디자인학과, 시각멀티미디어디자인학과, 실내가구디자인학과
강원대학교 춘천캠퍼스	건축학부, 조경학과, 디자인학과
경동대학교	건축토목공학부(건축학전공), 디자인학과
관동대학교	건축학부(건축학전공, 5년), 인테리어디자인학과, 시각디자인학과
상지대학교	생활조형디자인학과, 디자인학부(산업디자인전공, 시각니사인전공)
한라대학교	건축학부(건축설계학전공), 뷰티디자인학과
한중대학교	광고미디어디자인학과, 브랜드디자인학과

경기

학교	학과
강남대학교	회화·디자인학부(산업디자인학전공)
경기대학교	건축학과(5년), 시각정보디자인학과, 산업디자인학과, 장신구·금속디자인학과
경원대학교	도시계획·조경학부(조경학전공), 건축학부(건축학전공, 5년), 실내건축학과, 디자인학부(시각디자인전공, 산업디자인전공), 의상학과
경희대학교 용인캠퍼스	건축학과, 산업디자인학과, 시각정보디자인학과, 환경조경디자인학과, 의류디자인학과
단국대학교 경기캠퍼스	건축학과(5년), 시각디자인과, 패션·제품디자인과
대진대학교	디자인학부(시각정보디자인전공, 제품환경디자인전공)
명지대학교	디자인학부(시각디자인전공, 산업디자인전공, 영상디자인전공, 패션디자인전공), 건축학부(5년, 건축학전공), 공간디자인학과
성결대학교	뷰티디자인학부(뷰티디자인전공)
성균관대학교 수원캠퍼스	조경학과, 건축학계열(건축학과, 5년)
수원대학교	의류학과, 디자인학부(커뮤니케이션, 패션, 공예)
아주대학교	건축학부(건축학전공)
안양대학교	디지털미디어디자인학과
용인대학교	산업디자인학과, 라이프디자인학과
을지대학교	여가디자인학과, 의료홍보디자인학과
중앙대학교 안성캠퍼스	산업디자인학과, 의류학과
평택대학교	시각디자인학과, 영상디자인학과, 패션디자인및브랜딩학과
한경대학교	건축학부(건축학전공), 조경학과, 디자인학부(커뮤니케이션디자인전공, 디지털컨텐츠디자인전공, 에듀테인먼트디자인전공)
한국산업기술대학교	산업디자인공학과
한북대학교	멀티미디어디자인학과
한세대학교	디자인학부(시각정보디자인전공, 공간환경디자인전공, 섬유패션디자인전공)

학교	학과
한양대학교 안산캠퍼스	건축학부(건축학전공, 5년), 디자인학부(금속디자인전공, 섬유디자인전공, 시각·패키지디자인전공, 산업디자인전공, 영상디자인전공)
협성대학교	가구디자인학과, 실내디자인학과, 제품디자인학과, 시각디자인학과

경남

학교	학과
가야대학교	보석디자인학과
경남대학교	패션의류학과, 디자인학부(시각디자인전공, 인테리어디자인전공), 건축학부(건축학전공)
경상대학교	건축학과
부산대학교 밀양캠퍼스	조경학과
영산대학교 양산캠퍼스	건축학과, 실내건축학과
인제대학교	건축학과, 디자인학부(제품인터랙션디자인전공, 실내디자인전공, 시각정보디자인, 영상애니메이션디자인전공)
진주산업대학교	건축학과(5년), 조경학과, 텍스타일디자인학과, 조경학과, 섬유산업디자인학과
창원대학교	건축학부(건축학전공, 5년), 산업디자인학과
한국국제대학교	실내건축학과, 인테리어산업디자인학과

경북

학교	학과
경북대학교 상주캠퍼스	건축도시환경공학부(건축디자인전공), 섬유패션디자인학부(패션디자인전공)
경운대학교	멀티미디어학부(시각디자인전공), 건축학부(건축전공, 실내건축전공)
경일대학교	건축학부(건축디자인전공, 5년), 공예디자인학과, 패션스타일리스트학과, 산업디자인학과
경주대학교	시각디자인학과, 조경학과, 건축학과
금오공과대학교	건축학부(건축학전공)
대구가톨릭대학교	조경학과, 플라워디자인과, 건축학부(건축학전공), 시각디자인과, 산업디자인과, 디지털디자인과, 패션디자인과
대구대학교	조경학과, 시각디자인학과, 영상애니메이션디자인학과, 산업디자인학과, 생활조형디자인학과, 패션디자인학과, 실내건축디자인학과
대구예술대학교	시각디자인전공, 공예디자인전공, 패션디자인전공, 실내디자인전공
대구한의대학교	건축·토목설계학부(건축학전공), 실내건축학과, 패션·시각디자인학부(패션뷰티전공, 시각디자인전공)
동국대학교 경주캠퍼스	조경학과
동양대학교	건축실내학과, 디자인경영학과, 패션스타일리스트학과
영남대학교	조경학과, 디자인학부(시각디자인전공, 산업디자인전공, 생활제품디자인전공), 섬유패션학부(섬유신소재설계전공, 섬유나노소재전공), 섬유패션학부(의류패션전공), 건축학부(건축학전공(5년), 건축디자인전공)
한동대학교	산업정보디자인학부(제품디자인전공, 시각디자인전공)

광주

학교	학과
광주대학교	건축학과(5년), 시각영상디자인학과, 산업디자인학과, 주얼리디자인학과, 인테리어디자인학과, 의상디자인학과
광주여자대학교	인테리어학과
남부대학교	디자인학과
전남대학교 광주캠퍼스	건축학부(건축학전공), 조경학과, 시각디자인전공
조선대학교	디자인학부(시각정보미디어전공, 제품·실내디자인전공, 섬유·패션디자인전공, 가구·도자디자인전공), 건축학부(건축학전공, 5년)
호남대학교	조경학과, 건축학과, 의상디자인학과, 산업디자인학과

대구

학교	학과
경북대학교 대구캠퍼스	조경학과, 시각정보디자인학과
계명대학교	건축학과, 실내환경디자인과, 생태환경디자인과, 공예디자인과, 산업디자인과, 사진영상디자인과, 패션디자인과, 텍스타일디자인학과, 시각디자인과

대전

학교	학과
대전대학교	커뮤니케이션디자인학과, 패션디자인·비즈니스학과, 건축학과(5년)
목원대학교	소재디자인공학과, 건축학부(5년, 건축학전공), 시각디자인학과, 산업디자인학과, 섬유패션코디네이션학과, 도자디자인학과
배재대학교	의류패션학과, 생명환경디자인학부(조경디자인학), 건축학부(건축학, 실내건축학), 비주얼아트디자인학과
우송대학교	컴퓨터디자인학과, 건축학과, 뷰티디자인학과

학교	학과
충남대학교	건축학부(건축학과, 5년), 산업미술학과
한남대학교	의류학과, 건축학부(건축학전공), 디자인학과
한밭대학교	건축공학부(건축학전공, 5년), 산업디자인학부(시각디자인전공, 공업디자인전공), 시각디자인학과, 공업디자인학과

부산

학교	학과
경성대학교	공예디자인학과, 시각디자인학과, 의상학과, 인테리어디자인학과, 제품디자인학과
고신대학교	디자인학부(시각·영상디자인전공, 실내건축디자인전공)
동명대학교	시각디자인학과, 애니메이션학과, 패션디자인학과, 산업디자인학과), 건축학과, 실내건축학과
동서대학교	건축설계학전공(5년), 디자인학부(산업디자인학전공, 시각디자인학전공, 환경디자인학전공, 패션디자인학전공, 영상디자인학전공)
동아대학교	패션디자인학과, 조경학과, 건축학과(5년), 산업디자인학과, 섬유조형디자인학과
동의대학교	패션디자인학과, 건축학과(5년), 산업디자인학과
부경대학교	디자인학부(시각디자인전공, 공업디자인전공, 패션디자인전공), 건축학부(건축학전공, 5년)
부산대학교	건축학과, 디자인학과(시각디자인전공, 애니메이션전공, 영상정보전공)
신라대학교	건축학부(건축학전공), 실내디자인학과, 패션산업학부(패션디자인산업전공, 패션소재디자인전공), 커뮤니케이션디자인학부(시각커뮤니케이션디자인전공, 만화·애니메이션디자인전공), 산업디자인학과, 귀금속·보석디자인학과
영산대학교 부산캠퍼스	시각영상디자인학과, 실내디자인학과, 패션디자인학과
한국해양대학교	해양공간건축학과

서울

학교	학과
건국대학교 서울캠퍼스	건축학부(건축설계전공, 주거환경전공), 디자인학부(산업디자인전공, 커뮤니케이션디자인전공, 의상디자인전공, 텍스타일디자인전공)
경희대학교 서울캠퍼스	의상학과
고려대학교	건축학과, 조형학부
광운대학교	건축학과(5년)
국민대학교	공업디자인학과, 시각디자인학과, 의상디자인학과, 실내디자인학과, 영상디자인학과, 건축학부(건축학전공)
덕성여자대학교	디자인전공(시각디자인전공, 실내디자인전공, 섬유미술전공), 의상디자인전공
동국대학교 서울캠퍼스	건축공학부(건축학전공), 조경학과
동덕여자대학교	디자인학부(패션디자인전공, 시각&실내디자인전공, 미디어디자인전공)
삼육대학교	환경원예디자인학과, 건축학과, 미술디자인학부(커뮤니케이션디자인학과, 미술컨텐츠학과)
상명대학교	디자인학부(시각디자인전공, 패션디자인전공, 섬유디자인전공, 실내디자인전공, 세라믹디자인전공, 산업디자인전공), 공연영상미술학부(공연·영상무대디자인전공, 무대의상전공), 환경조경학과
서경대학교	디자인학부(비주얼콘텐츠디자인전공, 문화산업공예디자인전공)
서울대학교	건축학과 건축학전공, 바이오시스템·조경학계열(조경·지역시스템공학부), 디자인학부
서울산업대학교	건축학부(건축학전공), 공업디자인학과, 시각디자인학과, 도자문화디자인학과, 금속공예디자인학과
서울시립대학교	건축학부(건축학전공), 조경학과, 산업디자인학과
서울여자대학교	미디어학부(콘텐츠디자인전공), 디자인학부(시각디자인전공, 산업디자인전공)
성균관대학교 서울캠퍼스	디자인학전공, 의상학전공

학교	학과
성신여자대학교	산업디자인과
세종대학교	건축공학부(건축학전공), 산업디자인학과, 패션디자인학과
숙명여자대학교	생활과학부(의류학전공), 디자인학부(시각영상디자인전공, 산업디자인전공, 환경디자인전공)
숭실대학교	건축학부(건축학전공(5년), 실내건축전공)
연세대학교	건축·도시공학부(건축학전공), 의류환경학과, 생활디자인학과, 디자인예술학부(산업디자인학전공, 시각디지인학전공, 디지털아트전공)
이화여자대학교	건축학부(건축학전공), 디자인학부(공간디자인전공, 시각디자인전공, 산업디자인전공, 패션디자인전공, 영상디자인전공), 의류학과
중앙대학교 서울캠퍼스	건축학부(건축학전공)
한성대학교	미디어디자인컨텐츠학부(시각영상디자인전공, 애니메이션제품디자인전공, 인테리어디자인)
한양대학교 서울캠퍼스	건축학부(5년), 생활과학부(실내환경디자인전공, 의류학전공)
홍익대학교 서울캠퍼스	기계·시스템디자인공학과, 건축학부(건축학전공(5년), 실내건축학전공), 디자인학부(시각디자인전공, 산업디자인전공), 금속조형디자인과, 섬유미술·패션디자인과

울산

학교	학과
울산대학교	의류학전공, 건축학부(건축학전공, 5년), 디자인학부(제품·환경디자인학전공, 시각디자인학전공, 디지털콘텐츠디자인학전공, 섬유디자인학전공, 실내디자인학전공)

인천

학교	학과
가천의과학대학교	산업디자인학과
인천가톨릭대학교	시각디자인학과, 환경디자인학과

학교	학과
인천대학교	디자인학부(시각디자인전공, 디지털콘텐츠디자인전공), 도시건축학부(건축학전공)
인하대학교	건축학부(건축학전공), 의류디자인학전공, 시각정보디자인전공

전남

학교	학과
대불대학교	시각디자인학과, 인테리어디자인학과, 제품디자인학과, 디자인학과
동신대학교	의상디자인학과, 산업디자인학과, 문화건축학부(건축설계전공, 5년), 조경학과, 귀금속디자인세공학과
목포대학교	조경학과, 건축학과
순천대학교	조경학과, 영상디자인학과, 패션디자인학과, 건축학부
전남대학교 여수캠퍼스	시각정보디자인학과, 건축학과
초당대학교	건축학과

전북

학교	학과
군산대학교	산업디자인학과, 세라믹디자인학과, 기계자동차공학부(기계디자인전공)
서남대학교	디자인학과
예원예술대학교	미술·디자인학부(한지·조형디자인선공), 귀금속보석디자인전공
우석대학교	산업디자인학과, 조경도시디자인학과, 패션디자인학과, 건축·인테리어디자인과
원광대학교	환경조경학과, 생활과학부(패션디자인·산업전공), 뷰티디자인학부(헤어디자인), 디자인학부(귀금속보석공예전공, 도예전공, 시각정보디자인전공, 공간환경·산업디자인전공), 기

학교	학과
전북대학교 익산캠퍼스	계자동차공학부(기계시스템·디자인공학전공), 건축학과 환경조경디자인학과
전북대학교 전주캠퍼스	조경학과, 미술학과(가구조형디자인전공), 산업디자인과(디지털생활기기디자인전공, 디지털커뮤니케이션디자인전공, 디지털미디어디자인전공)
전주대학교	건축학과(5년), 생산디자인공학과, 디자인학부(리빙디자인전공, 산업디자인전공), 영상콘텐츠학부(시각디자인전공)
호원대학교	건축학부(실내건축디자인), 컴퓨터·게임학부(게임디자인전공)

제주

학교	학과
제주대학교	건축학부 건축학전공, 산업디자인학부(멀티미디어디자인전공, 문화조형디자인전공)
탐라대학교	건축디자인학과

충남

학교	학과
건양대학교	건축학과, 공연의상학과, 인테리어학과
공주대학교 공주캠퍼스	건축학부(건축학전공, 5년), 산업디자인공학부
공주대학교 옥룡캠퍼스	게임디자인학과, 조형디자인학부(퍼니처디자인전공, 세라믹디자인전공, 주얼리디자인전공)
공주대학교 예산캠퍼스	조경학과
나사렛대학교	에코디자인학부(플라워디자인학전공, 도시환경조경학전공), 캐릭터디자인학부(토이캐릭터디자인학전공, 유니버설캐릭터디자인학전공)
남서울대학교	건축학과(5년), 시각정보디자인학과
단국대학교 천안캠퍼스	시각디자인과
백석대학교	디자인영상학부(시각정보디자인전공, 산업디자인전공), 기독교문화예술학부(인테리어디자인전공, 공예디자인전공),

학교	학과
	기독교미술학부(기독교인테리어디자인전공)
선문대학교	시각디자인학과, 건축학부(건축학전공)
순천향대학교	건축학과
중부대학교	건축디자인학과, 환경조경학과, 산업디자인학과, 인테리어학과, 패션디자인학과
청운대학교	패션디자인섬유공학과, 인테리어디자인학과
한국기술교육대학교	디자인공학과
한서대학교	실내디자인학과, 산업디자인학과, 시각디자인학과, 의상디자인학과
호서대학교	건축학과(5년), 시각디자인학과, 실내디자인학과, 산업디자인학과, 패션학과(VMD/MD), 패션학과(비주얼머천다이징)
홍익대학교 연기캠퍼스	건축공학부(건축학전공, 5년), 게임그래픽디자인전공, 디자인·영상학부(프로덕트디자인전공, 커뮤니케이션디자인전공, 디지털미디어디자인전공)

충북

학교	학과
건국대학교 충주캠퍼스	의상디자인·뷰티사이언스 디자인학과군(의상디자인학과, 뷰티사이언스디자인학과), 산업디자인학부(시각정보디자인전공, 인더스트리얼디자인전공, 광고영상디자인전공, 실내디자인학과)
극동대학교	디자인학부(산업니자인학, 시각디자인학, 실내디자인학), 광고컨텐츠디자인학과
서원대학교	건축학과(건축학전공(5년), 건축공학·실내건축전공(4년)), 디자인학과(시각디자인전공, 산업디자인전공), 화예디자인학과
세명대학교	산업디자인학과, 시각디자인학과, 패션디자인학과, 실내디자인학과
영동대학교	디지털조형디자인학과

학교	학과
청주대학교	환경조경토목공학부(환경조경학전공), 건축공학과군(건축학과, 5년), 디자인학부(산업디자인전공, 시각디자인전공, 공예디자인전공, 패션디자인전공)
충북대학교	미술과(시각디자인전공), 건축학과, 패션디자인정보학과
충주대학교	건축학과, 산업디자인학과

궁금해요! 디자이너가 사는 세상

초판 1쇄 발행/2010년 7월 5일
초판 9쇄 발행/2019년 4월 12일

지은이/이나미, 김수현, 한솔이
펴낸이/강일우
책임편집/천지현
펴낸곳/(주)창비
등록/1986년 8월 5일 제85호
주소/10881 경기도 파주시 회동길 184
전화/031-955-3333
팩시밀리/영업 031-955-3399 · 편집 031-955-3400
홈페이지/www.changbi.com
전자우편/ya@changbi.com

ⓒ 이나미 2010
ISBN 978-89-364-5810-2 43300
ISBN 978-89-364-5992-5(전5권)